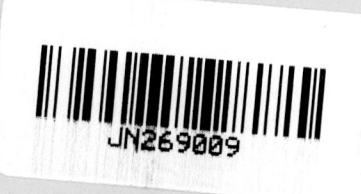

ラクラク　かんたん

パネルシアター2

阿部　恵●著

チャイルド本社

CONTENTS

ラクラクかんたん パネルシアター２

楽しい！ また見たい！ やってみたい！ それが

手を伸ばせば そこにパネルシアター

　パネルシアターの特長は、簡単に作れて、子どもたちと一緒にはったり、はがしたりして遊べるところです。初めは、絵人形がパネルに付着することが不思議に思い、子どもたちは、何度もはったり、はがしたりして確かめます。やがて、絵人形をいろいろな位置にはったり、重ねてみたりします。糸止めやポケット、2枚重ねの仕掛けにも興味を持ちます。作品によっては、自らも演じてみたいと思ったりします。

　このパネルシアターが、子どもたちにとって遠い存在になったり、近くにあっても触ってはいけないものになってしまってはいけません。

　「いつでも触っていいですよ」「良かったら動かしてみない？」「みんなも作ろうよ」こんな気持ちでパネルシアターを楽しんでほしいと願っています。子どもたちが積極的に手を伸ばしてくれることを期待して楽しみましょう。

パネルシアターです

手づくりのぬくもりが伝わります

印刷技術が向上して、色鮮やかな既製品のパネルシアターも出回っています。そんな中でも、手づくりのパネルシアターを子どもたちと楽しんでおられることは、とてもすばらしいと思います。時間を生み出して、毎日少しずつ仕上げた作品を、子どもたちが喜んで見てくれれば、こんなうれしいことはありません。「先生、おもしろかった！」の声には、天にも昇る気持ちになります。「だれが作ったの？」の質問には、「先生が作ったの！」と自信を持って答えることができます。「作ってみたい！」といわれたら「一緒に作ろう」と、「また見せて！」と言われたら「また作って見せてあげたい」という意欲がわいてきます。

手づくりに要する時間は、惜しくも、無駄でもありません。逆に保育者の思いが、必ず伝わると自信を持って、子どもたちの前に立ってください。

子どもたちの年齢に合わせて楽しみましょう

同じお話でも、子どもたちの年齢によって、その楽しみかたは異なります。また時期や時間帯、パネルシアターを楽しむのが何回目なのかによっても変わるのです。つまり、演じるにあたって、前回とまったく同じということはないと考えてよいでしょう。ですから、保育者が毎回一方的に、同じ願いを持って演じるのではなく、そのつど子どもの状態に合わせて、一緒に楽しむことが大切です。そのためには子どもの期待や反応をいつも敏感にキャッチできるアンテナをはりめぐらせながら、パネルの前に立っていなければなりません。そして子どもの反応を楽しむ余裕を持つことも大事です。これは、決して難しいことではありません。保育者が自然体に構え、子どもの姿をよく見て、子どもの声をよく聞いて、融合して楽しめばよいのです。パネルシアターそのものは、子どもを保育しません。子どもたちが見ているのは、あなたそのものなのです。

この本の使い方

- パネルシアターを行うまでの流れを、絵人形を作ることから、舞台の設置のしかた、演じ方、保存のしかたまで、イラストや写真を使って細かく解説しました。

- この本には5つの作品を収録しました。それぞれのシナリオを、保育者が具体的にどのように演じたらよいのかをわかりやすくするために、場面ごとに写真で順を追って展開しています。

- お話に出てくる歌の楽譜も掲載しています。振り付けのあるお話については、シナリオの中に盛り込んであります。

- 各作品に登場する絵人形の型紙をつけました。この型紙は基本的に200％拡大するだけで、簡単に絵人形を作ることができます。

- 絵人形のしかけについては、型紙のページで詳しく解説しています。

イギリス民話

おばあさんとこぶた

構成●阿部　恵　　　絵●童きみか

繰り返しの楽しいゆかいなお話です。おばあさんの歯切れのいいセリフが、つぎつぎと出てくるところが魅力です。また、子どもたちの期待どおり、急転直下、問題が解決してしまうのも痛快です。

●おばあさんを出しながら。

ナレーション　あるところに、とても元気なおばあさんがいましたよ。ある日、部屋を片付けていると、金貨を１枚見つけました。

●金貨を出す。

おばあさん　おや、まあ！
こんなところに金貨が……。
ちょうどよかった。町に行って、かわいいこぶたを、買ってきましょう。

★★★

●金貨を外して、こぶたを出す。

ナレーション　おばあさんは、こぶたを連れて、町から帰ってきました。

●柵を出しながら。

おばあさん　かわいいこぶたが買えてうれしいわ。
さあ、柵の中に入ってちょうだい。

ナレーション　ところがこぶたは、柵の前まで来ると、ピタッと止まって、動きません。

おばあさん　ほら、ここがおまえのお家だよ。中にお入り！
ほら、ほら、お入りってば！

ナレーション　おばあさんがいくらがんばっても、こぶたは柵の中に入りません。

★★★

おばあさん　わかった。それなら私にも考えがあるわ。

＊ポイント＊
おばあさんのこのセリフがキーワードです。こどもたちは、次の場面に期待を持ちます。ポーズを決めて続けましょう。

●犬を出しながら。

ナレーション　おばあさんは、犬のところにやってきて言いました。

おばあさん　犬さん、犬さん、私のこぶたが柵の中に入らないの。どうかこぶたのおしりのへんをかみついて、柵に入るようにしておくれ。

ナレーション　ところが、犬は、ワンとも言いません。

おばあさん　わかった。それなら私にも考えがあるわ。

●ステッキを出しながら。

ナレーション　おばあさんは、ステッキのところにやってきて言いました。

おばあさん　ステッキさん、ステッキさん、私のこぶたが柵の中に入らないの。①犬にこぶたのおしりにかみつくように頼んだんだけど、「ワン」とも言ってくれないから、ステッキさん、犬がぶたのおしりをかむように、犬をたたいておくれ。

ナレーション　ところが、ステッキは、「コトリ」ともしません。

※①のセリフは後にも出てきます。以下、①のセリフが入るところには①と表記します。
ですので、①のセリフを言った後、続けてください。以下⑦まで同様に表記します。

★★★

おばあさん　わかった。それなら私にも考えがあるわ。

●火を出しながら。

ナレーション　おばあさんは、火のところにやってきて言いました。

おばあさん　火さん、火さん、私のこぶたが柵に入らないの。①し、②ステッキに、犬がこぶたのおしりをかむように、たたいてくれと頼んだけど「コトリ」ともしないから、火さん、ステッキが犬をたたくように、燃そうとおどかしてほしいの。

ナレーション　ところが、火は、「パチリ」ともしません。

★★★

おばあさん　わかった。それなら私にも考えがあるわ。

●水を出しながら。

ナレーション　おばあさんは、水のところにやってきて言いました。

おばあさん　水さん、水さん、私のこぶたが柵の中に入らないの。①し、② ③それで、火にステッキが犬をたたくように燃やそうとおどかして欲しいと思ったんだけど「パチリ」ともしないから、水さん、火がステッキを燃やそうとするように、水をかけてほしいの。

ナレーション　ところが、水は「イヤイヤ」をするばかり。

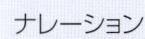

おばあさん　わかった。それなら私にも考えがあるわ。

●牛を出しながら。

ナレーション　おばあさんは、牛のところにやってきて言いました。

おばあさん　牛さん、牛さん、私のこぶたが柵の中に入らないの。①し、②③ ④ 水に、火がステッキを燃やそうとするように、水をかけてほしいと思ったんだけど「イヤイヤ」をするばかりだから、牛さん、水が火に水をかけようとするように、水を、飲もうとしておくれ。

ナレーション　ところが、牛は「モー」とも言いません。

★★★

おばあさん　わかった。それなら私にも考えがあるわ。

●肉屋を出しながら。

ナレーション　おばあさんは、肉屋のところへやってきて言いました。

おばあさん　肉屋さん、肉屋さん、私のこぶたが柵の中に入らないの。①し、②③④ ⑤ そこで、牛に、水が火に水をかけるように、水を、飲もうとしておくれと頼んだけど牛は「モー」とも言わないから、肉屋さん、牛が水を飲もうとするように、お肉にしようとしておくれ。

ナレーション　ところが、肉屋はしらんぷり。

★★★

おばあさん　わかった。それなら私にも考えがあるわ。

●縄を出しながら。

ナレーション　おばあさんは、縄のところへやってきて言いました。

おばあさん　縄さん、縄さん、私のこぶたが柵の中に入らないの。①し、②③④⑤ ⑥ こんどは肉屋に、牛が水を飲もうとするように、お肉にしようとしておくれと言ったんだけどしらんぷり。縄さん、肉屋が牛をお肉にするように縛ろうとしておくれ。

ナレーション　ところが、縄もはっきりしません。

おばあさん	わかった。それなら私にも考えがあるわ。
	●ねずみを出しながら。
ナレーション	おばあさんは、ねずみのところへやってきて言いました。
おばあさん	ねずみさん、ねずみさん、私のこぶたが柵の中に入らないの。①し、②③④⑤⑥⑦だから、ねずみさん、縄が肉屋を縛ろうとするように、ガリガリかじっておくれ。
ナレーション	ところが、ねずみも「チュウ」とも言いません。

★★★

おばあさん	わかった。それなら私にも考えがあるわ。
	●ねこを出しながら。
ナレーション	おばあさんは、ねこのところへやってきて言いました。
おばあさん	ねこさん、ねこさん、私のこぶたが柵の中に入らないの。①し、②③④⑤⑥⑦と頼んだけど「チュウ」とも言ってくれない。だから、ねこさん、ねずみが縄をかじるように、ねずみを追いかけて食べようとしておくれ。
ナレーション	ちょうどお腹のすいていたねこは、おばあさんに言いました。
ねこ	おばあさん、それは大変だね。私にミルクをごちそうしてくれたら、ねずみを追いかけてもいいよ。
おばあさん	おや、そうかい。

＊ポイント＊
ここから展開が変わります。
調子を変えて語りましょう。

●ミルクをセットした器を出す。

ナレーション　おばあさんは、ミルクを持ってきて、ねこにあげました。

ねこ　いただきまーす！

ナレーション　お腹のすいていたねこは、あっという間に、ミルクを飲みほしました。

●ミルクを器のポケットから取り出す。

ねこ　あ～あ、おいしかった。
さあ、おばあさん、約束どおり行きますよ！

ナレーション　ねこは、急に元気になりました。

●ミルクと器を外す。

★★★

●ねこを手に持つ。

ねこ　ほら、ねずみ！
縄をかじらないと、食ってしまうぞ。
ニャーオーン！

●ねずみを追いかける動作をする。

ナレーション　ねずみは、食べられてはたまりません。

＊ポイント＊
動作を入れながら、テンポよく語りましょう。

器のポケットからミルクを外す。

●ねこを場面に戻し、ねずみを持つ。

ねずみ　ほら、縄！
肉屋を縛らないと、かじってしまうぞ。
チュウチュウ！

●縄を追いかける動作をする。

ナレーション　縄はかじられてはたまりません。

●ねずみを場面に戻し、縄を持つ。

縄　ほら、肉屋！
牛に水を飲ませないと、縛ってしまうぞ。キュッキュッ！

●肉屋を追いかける動作をする。

ナレーション　肉屋は、縛られてはたまりません。

●縄を場面に戻し、肉屋を持つ。

肉屋　ほら、牛！
水に火を消させるようにさせないと、お肉にしてしまうぞ。トントン、トントン！

●牛を追いかける動作をする。

ナレーション　牛は、お肉にさせられてはたまりません。

●肉屋を場面に戻し、牛を持つ。

牛　ほら、水！
火にステッキを燃やすようにさせないと、みんな飲んでしまうぞ。
モー！

●水を追いかける動作をする。

ナレーション　水は、飲まれてはたまりません。

●牛を場面に戻し、水を持つ。

水　ほら、火！
ステッキに犬をたたかせないと、かけて消しちゃうぞ。ピチャピチャ！

●火を追いかける動作をする。

ナレーション　火は、水をかけられてはたまりません。

●水を場面に戻し、火を持つ。

火　ほら、ステッキ！
犬にこぶたのおしりをかむように させないと、燃やしてしまうぞ。ボー、ボー！

●ステッキを追いかける動作をする。

ナレーション　ステッキは、燃やされてはたまりません。

●火を場面に戻し、ステッキを持つ。

ステッキ　ほら、犬！
こぶたが柵の中に入るようにしないと、たたいてしまうぞ。
エイ、エイ！

●犬を追いかける動作をする。

ナレーション　犬は、たたかれてはたまりません。

●ステッキを場面に戻し、犬を持つ。

犬　ほら、こぶた！
おまえが柵の中に入らないと、おしりにかみつくぞ！ワン、ワン！

●こぶたを追いかける動作をする。

ナレーション　こぶたは、おしりにかみつかれてはたまりません。

●犬を場面に戻し、こぶたを持つ。

ナレーション　ポーン！　と柵を飛び越えて、中に入りました。

●こぶたを柵の中にはる。

喜んだのは、おばあさん。

おばあさん　やったー！　やったー！　みんな、ありがとう。

ナレーション　**みんなは、良かった、良かったと帰って行きました。**

●犬・ステッキ・火・水・牛・肉屋・縄・ねずみ・ねこを外す。

★★★

おばあさん　**さあ、おやつだよ。**

●りんごを出す。

★★★

ナレーション　**おばあさんは、こぶたにおやつのりんごを渡すと、「そうだ、私は片付けの途中だったんだ」と、お家に帰って行きました。**

＊ポイント＊
何事もなかったように、平穏な感じを出して終わりにする。

●おばあさんを裏返す。

おしまい

日本昔話

牛方と山んば

構成●阿部 恵　　絵●毛利洋子

三大山んば話のひとつ。子どもたちにとても人気の高いお話です。スリルとサスペンス、それにユーモアが味えます。「牛方、サバを 一匹くれー。」の山んばの呼び声がいつまでも耳に残ります。

●牛方を出しながら。

ナレーション　むかし、むかし、あるところに牛方がいました。
牛方というのは、牛の背中に荷物をつんで運ぶ人のことです。

★★★

●荷物をセットした牛を出す。

ナレーション　この日も牛方は、サバという魚を山のむこうの村まで運ぶ途中でした。

牛方　アオや、何だか薄気味悪い道だから、早く行こう。こわいものが出てきたらいやだからな。

ナレーション　牛の名前はアオと言いました。

荷物を牛の背中にはさむ。

★★★

ナレーション　牛方が先を急いでいると、何か人の声がしたような気がしました。

牛方　あれ？　こんな山道でいったい誰だろう。

ナレーション　牛方が耳を澄まして聞いてみると、後から牛方を呼ぶ声です。

●最初は小さな呼び声で徐々に大きく。

山んば　牛方、サバを一匹くれー。
牛方、サバを一匹くれー。
牛方、サバを一匹くれー。

●追いかける山んば１を出す。

＊ポイント＊
山んばの声を研究してみましょう。ここでは薄気味悪い声に。後半は、少しユーモラスでかわいらしさも感じられるようにします。

ナレーション　よく見ると、それは山んばでした。

山んば 1 に重ねる。

●追いかける山んば 2 を出し、山んば 1 の上に重ねながら。

山んば　**牛方、サバを一匹くれー。**

牛方　**ひえー！　山んばだー！**

ナレーション　**その山んばは恐ろしいこと。髪はボサボサ、目はギョロギョロ、口は耳まで裂け上がっています。**

●追いかける山んば３を出し、山んば２の上に重ねながら。

山んば　**牛方、サバを一匹くれー。**

ナレーション　**山んばが牛方のすぐ後ろまでやってきました。**

牛方　**た、助けてー！**
あげます、あげます。サバをあげます。

> ＊ポイント＊
> 牛方と山んばの掛け合いが、このお話の魅力です。両者のやりとりを表現力豊かに、テンポよく演じましょう。

★★★

●サバを出しながら。

ナレーション　**牛方はサバを一匹取り出すと、山んばに投げてやりました。山んばは、サバをつかむと、バリバリと食べました。**

●サバと追いかける山んば３を外す。

山んば　**ああ、うまい！**

牛方　**今のうちに、逃げよう。**
アオ、急いで逃げよう！
アオ、急げ！　急げ！

ナレーション　**でも、山んばはすぐに追いかけてきます。**

★★★

山んば　**牛方、サバをもう一匹くれー。**

●追いかける山んば３を再び出す。

牛方、サバをもう一匹くれー。

牛方　**ひえー、助けてー！**

●サバを出しながら。

ナレーション　牛方はサバをもう一匹取り出すと、また山んばに投げてやりました。
山んばは、サバをつかむと、バリバリとすぐ食べてしまいました。

山んば　ああ、うまい！
牛方、サバをもっとたくさんくれー。
牛方、サバをもっとたくさんくれー。

ナレーション　牛方は、たくさんやれば、もう追いかけてこないと思って、今度は、たくさん投げました。

★★★

●サバを３、４匹投げながら。

牛方　それー！
それー！
それー！
アオ、こんどは遠くまで逃げるんだ！

山んば　おお、バリバリ……。
うまい、バリバリ……。
うまい、うまい。

●サバと追いかける山んば３と２を外す。

ナレーション　山んばは、少し離れましたが、また追いかけてきました。

山んば　牛方、サバを全部くれー。
牛方、サバを全部くれー。

牛方　たっ助けてー。

★★★

●荷物を投げながら。

ナレーション　とうとう牛方は、アオの背中のサバを「それー！」と全部投げました。

●荷物を外しながら。

山んばは、その荷物もあっという間にたいらげると、またやってきました。

山んば　牛方、こんどは牛をくれー。
牛方、こんどは牛をくれー。

牛方　えっ！　アオはやれねえ！

山んば　牛方、牛をくれなければ、お前を先に食ってしまうぞ！　それでもいいか、牛方！

●追いかける山んば３を出して。

★★★

牛方　ひえ〜！

●牛方を逃げるように移動させて。

助けてー！

●アオと山んばを外しながら。

ナレーション　かわいそうに。アオは山んばに食われてしまいました。

＊ポイント＊
ゆっくり声のトーンを落として語ります。

牛方は懸命に逃げました。

★★★

●牛方を動かしながら。

牛方　はあ、はあ、はあ、
あ～あ、こわかった。
それにしても、アオにはかわいそうなことをしたな……。

●山んばの家を出しながら。

あっ！　あそこに家がある。

ナレーション　あたりは、もう薄暗くなってきました。

牛方　今日は、ここに泊めてもらおう。こんばんは、誰かいますか？　こんばんは！　こんばんは！

ナレーション　中から何の返事もありません。

●家を外しながら。

戸が開いているので、牛方はそうっと中に入ってみました。何やら、普通の家と比べると様子が変です。

牛方　こ、これは、ひょっとすると山んばの家かもしれない。

★★★

ナレーション　牛方の気がつくのが遅すぎました。外から山んばの声が聞こえてきます。

山んば　（声だけ）今日は、いい日だった。牛方を逃がしてしまったのは、もったいないが、サバと牛はうまかったなぁ……。

牛方　ひゃー！　山んばが帰ってきた。

●牛方と天井に登った牛方を入れ替えながら。

ナレーション　牛方は、急いで天井に登りました。ドキドキしながら下を見ていると、あの山んばが帰ってきました。

★★★

●甘酒をセットした甘酒をつくる山んばを出しながら。

山んば　さあ、甘酒でも飲んで寝るとするか。

顔部分に眠った山んばの顔を重ねる。

ナレーション　山んばは、いろりに腰をおろすと、火をつけて、なべで甘酒を温めはじめました。
しばらくすると、プーンといいにおいがしてきます。
天井の牛方は、お腹がなりそうなのをじっとがまんしていました。
しばらくすると、山んばがうとうとしはじめました。

●眠った山んばの顔を 2 枚重ねにする。

★★★

●かやを出しながら。

ナレーション　牛方は、いいことを思いつきました。
屋根裏のかやを一本抜くと、天井から甘酒の中に入れて、ツーとストローのように 吸ってみました。
その甘酒のおいしいこと！
少しだけのつもりが
もう少し　ツー。
もう少し　ツー。
とうとう、なべの甘酒を全部飲んでしまいました。

＊ポイント＊
かやの先は、甘酒を飲んでいるように一方をなべの中に入れます。

●甘酒をなべから外す。

ナレーション　しばらくすると、山んばが目を覚ましました。

●山んばの眠った顔を外しながら。

山んば　ややっ、甘酒がない！
誰か飲んだな。誰だ！

なべのポケットから甘酒を外す。

★★★

ナレーション　牛方はびっくりしました。このままでは見つかってしまいます。そこで牛方は「火の神、火の神」と言いました。

＊ポイント＊
おどけた声で言います。

火の神 火の神

ねるとしよう

山んば

何だと、火の神だと。火の神様が飲んだとあれば、しょうがない。
甘酒はあきらめた。これで寝るとしよう。

●甘酒をつくる山んばと呪文をとなえる山んばを入れ替える。

ナレーション

山んばは、立ち上がると、木の箱と石の箱が並んでいる前に立ちました。

●木の箱と石の箱を出す。

山んば

さて、今日は、どちらの箱で寝ようか…。

どちらに　しようかな
かみさまの　いうとおり

よし、こっちの木の箱にしよう。

> *ポイント*
> 山んばのかわいらしさを表現しましょう。

ナレーション

そう言うと、こんな呪文をとなえ始めました。

●山んばを表裏に動かしながら、2回繰り返す。

山んば

ちいさくなあれ
ちいさくなあれ
ばばんば　ばん

ちいさくなあれ

ちいさくなあれ

ばばんば　ばん

●呪文をとなえる山んばと、小さくなった山んばを入れ替える。

ナレーション　小さくなった山んばは
「ふぁ～」
と大きくあくびをすると、木の箱の中に入りました。

★★★

●小さくなった山んばを木の箱の中に入れ、ふたをする。

ナレーション　そして、自分でふたをすると、グーグー眠ってしまいました。

木の箱のポケットに
山んばを差し込んで、
木のふたを重ねる。

★★★

●天井に登った牛方と牛方を入れ替える。

ナレーション　牛方はそっと天井から降りてきて、木の箱に近付いてみました。小さくなった山んばは、あいかわらずグーグーといびきをかいて寝ています。

●石をふたに乗せながら。

ナレーション　牛方は、近くにあった、つけもの石をそっと、ふたの上に乗せると、急いで逃げて帰りました。

●牛方を外す。

ナレーション　山んば、それから三年もの間、木の箱でぐっすり眠っていたそうですよ。

★★★

●終わりを出して。

ナレーション　牛方と山んばのお話、おしまい。

★★★
イソップ童話

鳥の王様

構成●阿部　恵　　　絵●倉石琢也

教訓話です。カラスは鳥の王様になりたくて、他の鳥たちの羽根を集めて体を飾りました。でもすぐにばれてしまいます。自分にないものを無理に飾っても、いつかは化けの皮がはがれてしまいます。

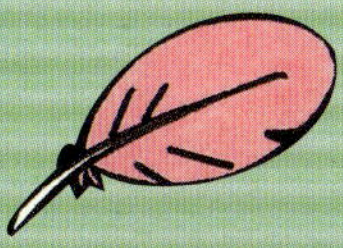

ナレーション　むかし、むかしのお話です。

●草むらを出しながら。

ある日、森の鳥たちのところへ、神様から話があるとの知らせが届きました。

★★★

●鳥たちを順番に出す。

ナレーション　鳥たちは、つぎつぎと広場に集まりました。

鳥A　神様のお話って、いったいなんだろう。

鳥B　ほんとだね……。

＊ポイント＊
鳥の出し入れのときは、数が多いので、適当なセリフを加えると、間が保てるでしょう。

★★★

●神様を出す。

ナレーション　やがて、広場の中央に立たれた神様が、鳥たちに言いました。

神様　こんど、鳥の王様を決めることにしよう。自分こそ王様にふさわしい、美しい鳥だと思うものは、三日後、この広場に集まるように。

●神様を外す。

ナレーション	鳥たちは大騒ぎです。きれいな羽の鳥は、もう、そのつもりになっています。
鳥C	きっとぼくが選ばれるよ。
鳥D	いや、ぼくこそ王様にふさわしい。この羽の色を見てくれよ。
鳥E	こうしちゃいられない。羽の手入れをしなくては。
鳥たち	そうだ。そうだ。帰ろう、帰ろう。
ナレーション	鳥たちはいなくなりました。 ●鳥たちを外す。

★★★

ナレーション	でも、一羽だけ、残っている鳥がいました。 ●カラスを出す。 それは、神様の話を後で聞いていたカラスでした。
カラス	あーあ、こんなまっ黒じゃ、きっと王様になんかなれっこない。 何かいい考えはないかな……。 そうだ！　いいことを思いついたぞ。

＊ポイント＊
カラスの心情の変化を表現すると、このお話の教訓が生きてきます。

★★★

ナレーション	カラスは森の中に落ちている、ほかの鳥の羽をたくさん集めてきました。 ●羽をカラスの前に出す。
カラス	よし、これでいいぞ。
ナレーション	カラスは集めた羽を、自分の羽の中に差し込みました。
カラス	思ったとおりだ！　これで王様になれるぞ。

ナレーション	三日後、カラスは、どの鳥よりもきれいな羽になりました。
	●きれいな羽をカラスの体に重ねる。
ナレーション	ほうらね。

ほうらね
裏に引っかける
つめを付けておく。

★★★

ナレーション	広場に集まってきた鳥たちも、びっくりです。
	●鳥たちを出しながら。
鳥A	なんてきれいな鳥だろう。
鳥B	こんな美しい鳥は見たことない。
鳥C	とてもぼくにはかなわない。
鳥たち	きれいだなー。 うらやましいなー。

まあ
なんてきれい

★★★

ナレーション	そこへ神様も現れました。
	●神様を出す。
神様	おお、これは美しい。おまえを鳥の王様にしよう。
カラス	ありがとうございます。

ありがとう
ございます

ナレーション　カラスがお礼を言ったそのときです。一羽の鳥が歌いだしました。

鳥D
- 動作を入れながら「やっぱりそうだ　ぼくのはね」の歌詞1番を歌う。
- 鳥Dと同じ色の羽を1本出す。

ナレーション　そして、羽を一本抜きました。

鳥E
- 動作を入れながら2番を歌う。
- 鳥Eと同じ色の羽を1本出して、残りも出す。

＊ポイント＊
歌の入る場面は、動作をつけながら。
♪ぼくのはねにというフレーズに合わせて羽を抜くと効果的。

★★★

ナレーション　鳥たちは、カラスの差している自分の羽を、つぎつぎと抜きました。
- 重ねた羽を全部外す。

ナレーション　あっという間に、カラスは元どおりの姿になりました。
そのようすを見た神様は言いました。

神様　自分にないものを、無理して飾っても、いつかは化けの皮がはがれてしまうものだ。

★★★

- カラスを外しながら。

ナレーション　カラスは、はずかしくなって、「カア」と鳴いて帰って行きましたとさ。
おしまい。

やっぱりそうだ ぼくのはね

作詞●阿部 恵
作曲●家入 脩

B♭ F F B♭ B♭ F B♭
1. へんだよへんだよ
2. へんだよへんだよ
1. あ のはねは
2. こ のはねも

ほおにひとさし指を添えて考えるポーズをとる。

カラスのほうを2回指す。

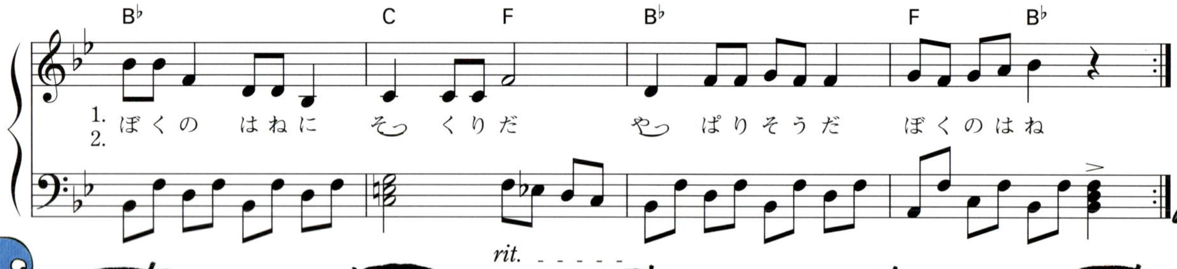
B♭ C F B♭ F B♭
1.
2. ぼくの はねに そっくりだ やっぱりそうだ ぼくのはね
rit.

自分を指す。

右・左と手を羽ばたかせながら見る。

2回うなずく。

手を伸ばして羽をとる動作をする。

★★★

日本昔話

さるとおじぞうさま

構成●阿部　恵　　　絵●あかまあきこ

さるたちがおじいさんのおじぞうさまをかついで川を渡ります。その場面での歌としかけのおもしろさがこの作品の特色です。表現力豊かに、しかけをきちんと見せながら展開しましょう。

●おじいさんとおばあさんを出しながら。

ナレーション　むかし、むかしのお話です。あるところに、心の優しいおじいさんとおばあさんが住んでいました。ふたりは、朝から晩までよく働きます。

●おばあさんを外しながら。

おばあさん　おじいさん、いってらっしゃい。

おじいさん　いってくるよ。

ナレーション　きょうもおじいさんは畑に出かけていきました。

★★★

●草むらをつぎつぎと出す。

ナレーション　畑にはたくさんの草が生えています。

おじいさん　ちょっとこないあいだに、こんなに草ぼうぼうになって……。

●草とりの動作をしながら、おじいさんを動かす。

ナレーション　どのくらいたったでしょう。おじいさんはくたびれたので、ひと休みすることにしました。

★★★

●切り株を出して、おじいさんを上に乗せる。

おじいさん　どっこいしょ。

ナレーション　おじいさんは切り株に腰を下ろすと、うとうとと眠ってしまいました。

●おじいさんの目のしかけを引いて眠った目にする。

ナレーション　優しいおじいさんの顔はまるで仏さまにようなお顔です。

＊ポイント＊
子どもたちにしかけがよく見えるよう、手に持って、体の前でしかけを引いてもよいでしょう。

さぁ、楽しい
お話が始まるよ。

しかけを引いて、眠った表情に変える。

おじぞうさまを差し込む。

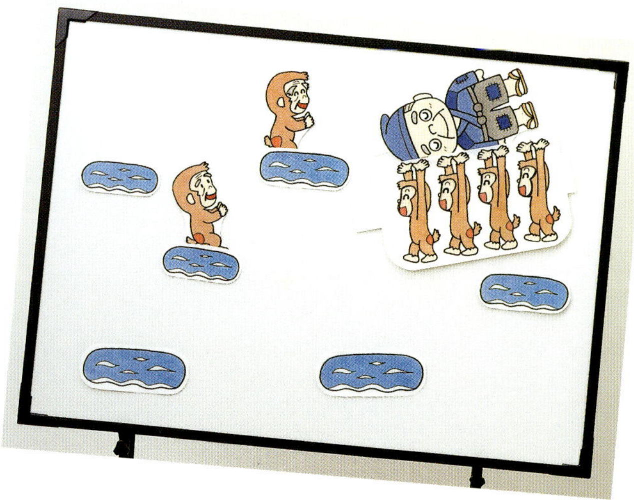

	●年配のさるを2匹出して。
ナレーション	そこへちょうど、さるがやってきました。
年配のさる1	おや、こんなところに、おじぞうさまがいらっしゃる。
年配のさる2	なんて優しそうなお顔だ。
年配のさる1	住みかに運んで、お祭りしよう。
年配のさる2	そうしよう。
ナレーション	二匹のさるは、若者のさるを呼びました。
年配のさる1、2	おーい、みんな、このおじぞうさまを住みかに運ぶんだ！

★★★

	●若者のさるを出す。
若者のさるたち	わぁ、優しそうなおじぞうさまだな！大好きになりそうだ！　早く運ぼう！どっこいしょ！
	●若者のさるたちの上に、おじいさんを横にして挟む。
ナレーション	実はおじいさんは、さっきから目が覚めていました。でもさるの話があんまりゆかいなので、おじぞうさまになったままになっていました。

★★★

	●切り株を外して、草むらを裏返し、川の波にする。
ナレーション	ヨイサヤ、ヨイサヤとおじいさんを運ぶうちに、川まで来ました。
年配のさる1	おーい、川だぞ！
年配のさる2	おじぞうさまのおしりをぬらすなよ！
	●おじいさんを担いだ若者のさるたちを持ちながら。
若者のさる1	はーい！
若者のさる2	がってんです！
若者のさる3	さるのおしりはぬらしても、
若者のさる4	じぞうさまのおしりはぬらしません！

ナレーション　若者のさるたちは、そう言うとゆかいに歌い始めました。

●絵人形を動かしながら、節をつけてゆかいに歌う。

ヨイヤサー　ヨイヤサー
さるのおしりはぬらしても（ソレ！）
じぞうのおしりはぬらすな
キャッ　キャッ
ヨイヤサー　ヨイヤサー
ヨイヤサー　ヨイヤサー

＊2〜3回繰り返す。

> **＊ポイント＊**
> 子どもたちにも一緒に歌ったり、おじいさんをかつぐポーズをするように促してみましょう。

さるの
おしりは
ぬらしても
（ソレ！）

じぞうの
おしりは
ぬらすな

キャッ

キャッ

ナレーション　その歌声のおかしいこと、おかしいこと。おじいさんは、吹き出しそうになるのをなんとかこらえてがまんしていました。

●絵人形をパネルに戻して、川の波を外す。

ナレーション　しばらくすると、さるの住みかに着きました。おじいさんは、石の上に乗せられました。

●石を出して、おじいさんを乗せる。

年配のさる1　おじぞうさま、何もありませんが、どうかここでゆっくりお休みください。

●お供え物を出しながら。

年配のさる2　みんな、おじぞうさまに差し上げる物です。お口に合うかどうか……。

●さるたちを外しながら。

ナレーション　そう言うと、さるたちはどこかに行ってしまいました。

★★★

●おじいさんの目を元に戻しながら。

ナレーション　おじいさんは、そっと目を開けてみました。

おじいさん　やあ、ゆかいなこともあるものだ。さるさんたちには悪いが、ずっとおじぞうさまになっているわけにはいかないから、家に帰らせてもらいましょう。

●おじいさんにおだんごを持たせて、残りを外す。

ナレーション　おじいさんは、そう言うと、おばあさんの大好きなおだんごをもらって、家に帰ってきました。

★★★

●おばあさんを出す。

おばあさん　まあ、おじいさん、それは楽しい思いをしましたね。それでは、さるさんのおだんごをいただいてみましょう。

ナレーション　そのおだんごのおいしかったこと、おいしかったこと。その話を、隣の欲ばりなおじいさんも聞いていました。

●欲ばりなおじいさんを出す。

欲ばりなおじいさん　なんだって、じぞうにまちがえられて、たくさんのお供え物。よし、わしも行って、全部もらってこよう。

＊ポイント＊
いかにも欲ばりといったおじいさんの声を工夫してください。

しかけを引いて、眠った表現に変える。

●おじいさん、おばあさんを外して、草むらと切り株を出す。

ナレーション　欲ばりなおじいさんは、隣のおじいさんから聞いた切り株に腰を下ろして、わざと寝たふりをしていました。

●欲ばりなおじいさんの目のしかけを引いて眠った目にする。そして年配のさる2匹を出しながら。

年配のさる1、2　きのうのおじぞうさまとは違うようだが……。

●若者のさるたちを出して、前出と同様に欲ばりなおじいさんを乗せる。

ナレーション　それでもこのおじぞうさまを運ぶことになりました。

●切り株を外して、草むらを裏返し、川の波にする。

★★★

年配のさる1　おーい、川だぞ！
年配のさる2　おじぞうさまのおしりをぬらすなよ！

●欲ばりなおじいさんを担いだ若者のさるたちを持ちながら。

若者のさる1　はーい！
若者のさる2　がってんです！
若者のさる3　さるのおしりはぬらしても、
若者のさる4　じぞうさまのおしりはぬらしません！
ナレーション　若者のさるたちはそう言うと、またゆかいに歌い始めました。

★★★

●前出と同様にゆかいに歌う。

♪
ヨイヤサー　ヨイヤサー
さるのおしりはぬらしても（ソレ！）
じぞうのおしりはぬらすな
キャッ　キャッ
ヨイヤサー　ヨイヤサー

ナレーション　その歌声のおかしいこと、おかしいこと。欲ばりなおじいさんは、吹き出しそうになるのを、お腹に力を入れて必死にがまんしていました。

●テンポを上げて、もっとゆかいに歌う。

＊歌を繰り返す

ナレーション　欲ばりのおじいさんは、おかしさをがまんしているうちに、おならが出そうになりました。そして、とうとう、プー！　とおならをしてしまいました。

●若者のさるのしかけを引いて表情を変える。

若者のさる1　臭ーい！

若者のさる2　これは人間だ！

若者のさる3　川へ投げよう！

若者のさる4　せーの！

> ＊ポイント＊
> 歌ったり、しかけを動かしたり、場面転換をしたりと、あわただしく感じますが、ゆっくりひとつずつを確実に行ってください。

★★★

●欲ばりなおじいさんを、目のしかけをもう一段階引いてから川に落す。

ナレーション　ドボーン！

●さるたちを外して、水しぶきを出してはる。

ナレーション　欲ばりなおじいさんは、川へ投げられてしまいました。

欲ばりなおじいさん　わーい、助けてくれー。わしは泳げないんだ！

●おじいさん、おばあさんを出して、川の波と水しぶきを外す。

ナレーション　欲ばりのおじいさんが、川でアップアップしているところに、隣のおじいさんとおばあさんが心配してやってきて助けてくれました。

★★★

欲ばりなおじいさん　わあん、ありがとうよ。

●涙を出す。

欲ばりなおじいさん　もう、欲ばったりしません。おじいさん、おばあさん、本当にありがとう。

ナレーション　それからというもの、欲ばりなおじいさんも一生懸命働いて、優しいおじいさんになったということです。
めでたし、めでたし。

しかけを引いて、
臭い表情に変える。

★★★
創作手遊び

フルーツ ジャンケン

構成●阿部 恵　　絵●中澤祥子

楽しいジャンケン・ゲームです。ふたり組で手合わせや、いろいろな動作でポーズを決めて遊びます。ジャンケンの勝負がついたら、罰ゲーム。小人数でも大人数でも遊ぶことができます。

ナレーション

みなさんは、フルーツが好きですか。
（子どもたちの反応を受ける）
好きだよね。

●りんごを出しながら（指を入れて転がす）。

あっ！　りんごが、ころころころがってきました。

♪

ころころ　ころころ
ころころ　グー！

●グーを出している。

りんごのポケットに手を入れる。

★★★

ナレーション

●バナナをゆらしながら出す。

こんどは、バナナがゆらゆらゆれています。

♪

ゆらゆら　ゆらゆら
ゆらゆら　チョキ！

●チョキを出している。

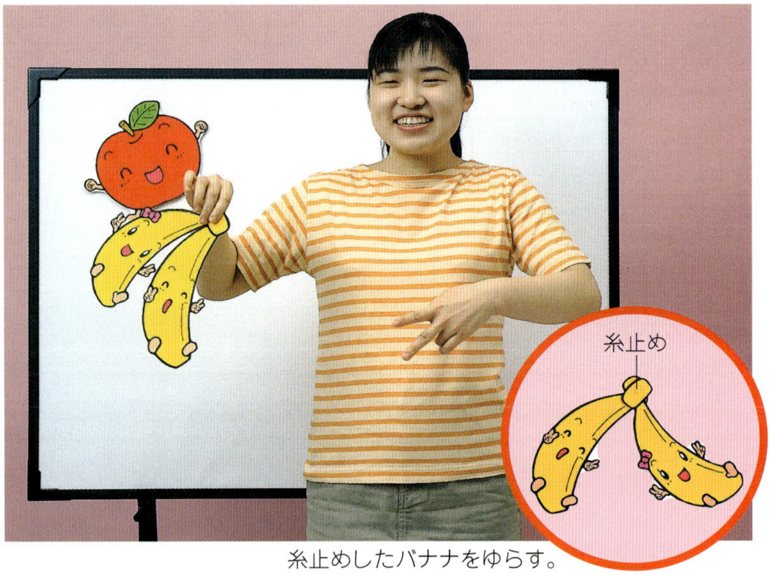

糸止めしたバナナをゆらす。

★★★

ナレーション

●パイナップルを踊っているように、動かしながら出す。

パイナップルは、楽しそうに踊っています。

♪

ちゃんちゃらんちゃ
ちゃんちゃらんちゃ
ちゃんちゃらんちゃ　パー！

●パーを出している。

＊ポイント＊
ジャンケン遊びですから、グー、チョキ、パーをはっきり意識させるようにします。

ナレーション

ほかのフルーツも集まりました。

●なし・ぶどう・さくらんぼ・いちご・みかん・メロンを順に出しながら。

なしに、ぶどうに、さくらんぼ。
いちごに、みかんに、メロン。
みんな楽しそうです。
何が始まるのかな。
あのね、みんなでジャンケンで遊びましょう。

ナレーション

フルーツジャンケンです。
ふたり組で遊びます。

セッセッセーの
ヨイ　ヨイ　ヨイ

（両手をつないで、上下に振って交差させる）

りん　りん　りんごが
ころがって

（手合わせを４回する）

♪

ころころ　ころころ
ころころ

（両手をグーにして、かいぐりをする）

＊ポイント＊
手合わせの間に入る、動きはリズミカルに大きく表現しましょう。

♪

グー！

（右手のグーを高くつきあげる）

♪

バナ　バナ　バナナは
ゆらりんこ

（同様に手合わせを４回する）

ゆらゆら　ゆらゆら
ゆらゆら

（両手をチョキにして、ゆらゆらゆらす）

チョキ！

（右手のチョキを高くつきあげる）

パー　パー　パイナップル
おどりだす

（同様の手合わせを４回する）

ちゃんちゃらんちゃ
ちゃんちゃらんちゃ
ちゃんちゃらんちゃ

（両手をパーにして、踊る）

パー！

（右手のパーを高くあげる）

なしに　ぶどうに　さくらん

（同様に手合わせを３回）

ぼ

（両手を前で合わせる）

いちごに　みかんに　メロンで

（同様に手合わせを３回）

ホイ！

（ジャンケンをする）

あいこでショ！

ナレーション　勝った人は、負けた人に「一本橋」のゲームで遊びましょう。

●一本橋の罰ゲームをする。

＊繰り返して遊びます。

フルーツ ジャンケン

作詞●阿部 恵
作曲●中郡利彦

セッ セッ セー の ヨイ ヨイ ヨイ

てこすぼ	っんだん	ろりり	こゆおさ	ごナンプ	んリパ
		がりら	がはルに	んナップ	んナーに
		ろらどく		ごナどう	りバパし
					んバナー
					りバパな

実際にパネルシアターを演じる前に準備をしましょう。
絵人形のつくり方から演じ方まで、順を追って紹介します。
だれでもかんたんにつくることができますから
ぜひ保育の中で生かしてみましょう。

パネルシアターの流れと型紙

•型紙•

•絵人形づくり•

•ステージづくり•

•演じ方のポイント•

絵人形づくり

絵人形づくりの大切なポイントをおさえて、実際につくってみましょう。基本をマスターしてしまえば、これをアレンジしてオリジナルの絵人形をつくることもできるようになります。

つくり方の基本ポイント

POINT 1 縁どり線は絵人形を動かしながら描く

油性マジックを使って縁どりをするときには、自分の描きやすい角度に絵人形を動かしながら描きます。絵人形を固定して、描くと苦手な角度の部分がうまくいきません。

POINT 2 髪の毛は黒色以外の色にする

髪の毛を黒色にしてしまうと、絵人形が重い感じに仕上がってしまいます。絵人形は髪の毛の面積が大きいので、黒くすると全体が黒っぽい印象になってしまうからです。

POINT 3 ポスターカラーで着色する

着色はポスターカラーを使います。ない場合には水彩絵の具でも代用できます。遠目からでもはっきりとわかる明るい色使いを心がけましょう。

POINT 4 余白を残して切る

細かい部分は、強度を保つために、縁どりに沿って切らずに余白を残して切り取ります。ただし、ほかの絵人形を組み合わせて使うような場合には、余白を残さないで切ります。

POINT 5 貼り合わせた場合は一晩重しをする

木工用ボンドで貼り合わせるしかけをつくった絵人形は、必ず一晩重しをしましょう。重しには、厚い本などを利用するとよいでしょう。

覚えておくと便利！

●2枚の不織布を貼り合わせるしかけには、スタンダードの不織布を使う

右のおばあさんの絵人形のように、表裏2枚の不織布を貼り合わせる場合には、薄手のスタンダードの不織布を使います。

●表裏に同じ絵を描く場合には、厚口の不織布を使う

右の牛方の絵人形のように、表と裏に同じ絵を描く場合には、厚手のタイプの厚口の不織布を使います。

つくり方の基本手順

材料

- ●パネルシアター用不織布・スタンダード
- ●パネルシアター用不織布・厚口
- ●ポスターカラーまたは水彩絵の具
- ●筆（人工毛でこしのあるもの）
- ●筆ふき
- ●パレット
- ●はさみ
- ●油性マジック（細・中太を3本ずつくらい）
- ●鉛筆（HB〜2B）

1 型紙のコピーをとる

型紙のコピーをとります。本書の場合、200％に拡大してとります。

2 絵を不織布に写す

コピーの上に不織布を置きます。透けて見えるコピーの絵を不織布に写しとります。

3 着色する

ポスターカラーまたは水彩絵の具で着色します。となりどうしの色は、色が混ざらないように、一方が乾いてからもう一方をぬるようにしましょう。

4 油性マジックで縁どりをする

着色した色をよく乾かしてから、油性マジックで縁どりをします。細かいところは細目のマジックで。遠目からでもわかるように、はっきりと描きましょう。

5 切り取る

縁どりに沿って、絵人形を切り取ります。余白を残すところと残さないところに注意して切ります。

絵人形の保存

絵人形が傷まないように、封筒に角を丸くした厚紙を入れて、その中に保存します。絵人形には小さなものもありますから、なくさないように、封筒にはタイトルと、絵人形の名前を書いておくと便利です。

ステージづくり

演じるためのステージをつくりましょう。材料を用意すれば、かんたんにつくることができます。市販のパネルステージを利用してもよいでしょう。

基本パネルのつくり方

材料

- ●パネル布またはフランネル地（90cm×120cm）
- ●ベニヤ板またはスチロールパネル（80cm×110cm）
- ●木工用ボンド
- ●布ガムテープ
- ●はさみ

1 パネル布を用意する

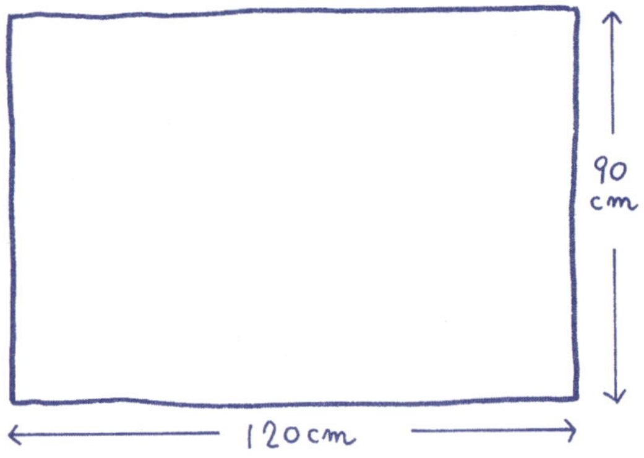

パネル布またはフランネル地を用意して、しわをなくすように平らに広げます。

2 ベニヤ板をのせる

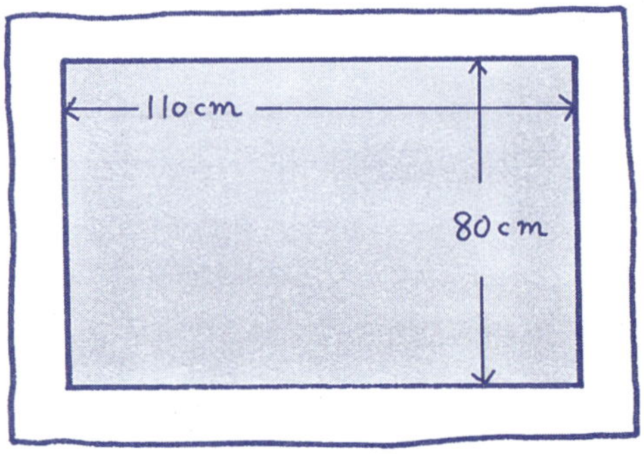

広げたパネル布またはフランネル地の中央に、ベニヤ板またはスチロールパネルをのせます。

3 木工用ボンドをぬる

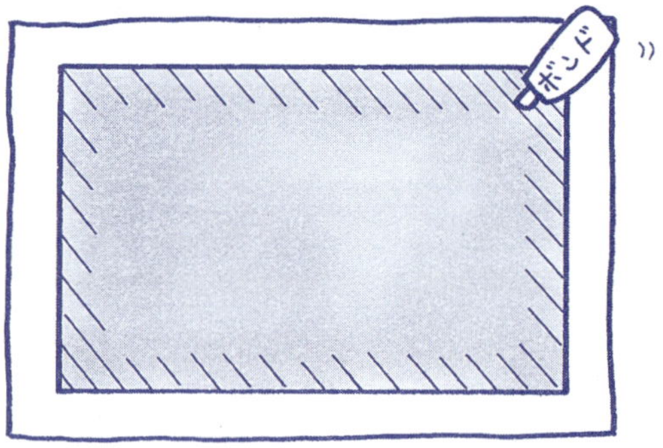

ベニヤ板またはスチロールパネルの斜線部に木工用ボンドをぬります。

4 貼りつける

パネル布またはフランネル地をぴんと張って伸ばします。折り返してベニヤ板またはスチロールパネルに貼りつけます。

市販のパネルステージもあります！

パネルシアター用のパネルステージは市販されています。絵人形を置く台もついています。つくるのが大変だという場合には、これを利用すると便利です。

5 布ガムテープでとめる

折り返して貼りつけた上に布ガムテープを貼って、しっかりととめます。

6 できあがり

裏返せば、できあがりです。このできあがったパネルボードが80cm×110cmの基本パネルです。

パネルの設置

基本パネルを設置します。演じている途中でパネルが倒れたりしないように、積み木とガムテープでしっかりと固定します。机のうしろの見えないところにスペースをつくっておき、絵人形を置けるようにしておくと便利です。

材料

- 机
- 積み木２個
- ガムテープ

正面

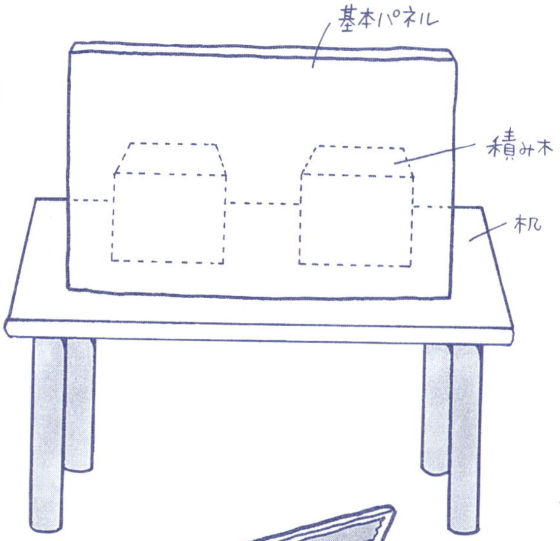

うしろ

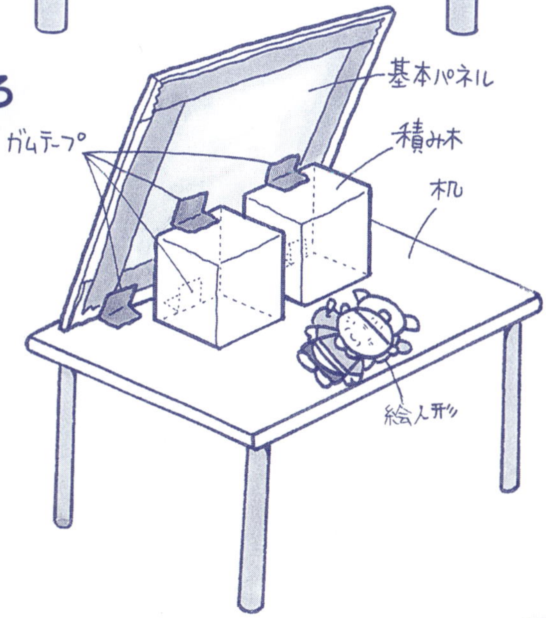

演じ方のポイント

パネルシアターを演じるときには、基本のポイントをおさえておきましょう。あとは子どもたちを楽しませるのはもちろん、保育者もお話を楽しみながらやってみましょう。上手に演じることよりも、楽しくふれ合うことが大切です。

POINT 1 ステージの右側に立つ

原則として右利きの人は、パネルステージに向かって右側に立って演じましょう。こうすると、パネルのうしろに置いてある絵人形の出し入れがスムーズにできます。逆に左利きの人は、パネルステージに向かって左側に立つようにしましょう。

POINT 2 語りのときには中央に立つ

絵人形の動きがない語りのときなどは、できるだけパネルステージの中央に立ちましょう。パネルステージの前に立つことで、子どもたちの表情や反応を確かめることができます。

POINT 3 豊かな表情でオーバーアクションぎみに演じる

演じる人が豊かな表情で語ったり歌ったりすることは、子どもたちの豊かな感性を育むことにつながります。豊かな表情とオーバーアクションを心がけて演じてみましょう。

POINT 4 子どもたちも参加できる雰囲気をつくる

ただ演じているのを見るのではなく、お話によっては子どもたちが演じてみてもよいでしょう。応援のかけ声を入れたり、歌をみんなで歌うなど、なるべく子どもたちも参加できる雰囲気をつくりましょう。

POINT 5 子どもたちの反応を確かめながら演じる

子どもたちの反応を見ることがいちばん大切。子どもたちの反応をできるだけ受けとめて、そのときの子どもたちの雰囲気に合わせて演じるようにしましょう。

POINT 6 同じ作品でも毎回演じ方を変える

同じ作品を毎回同じように演じないで、違うところにポイントをおいて演じてみましょう。同じ内容でも演じ方や楽しみ方が変わって、新しい発見ができます。

型紙

★型紙は200%に拡大して
使用してください。

おばあさんとこぶた

金貨
厚口
★この型紙は原寸で
使用してください。

おばあさん・表
スタンダード

一晩重し
表と裏を貼り
合わせる

おばあさん・裏
スタンダード

つくり方

おばあさんのつくり方

両面の貼り合わせ
裏の全面に木工用ボンドをぬって、表と裏を貼り合わせます。ずれないようにきれいに合わせて貼りましょう。

一晩重し

型紙の記号について

型紙の中で必要な事柄は、以下のように表示しています。

- （網かけ）使用する不織布の種類
- ---- 切り取り線
- ---- 切り込み線
- ◉ 糸どめ位置

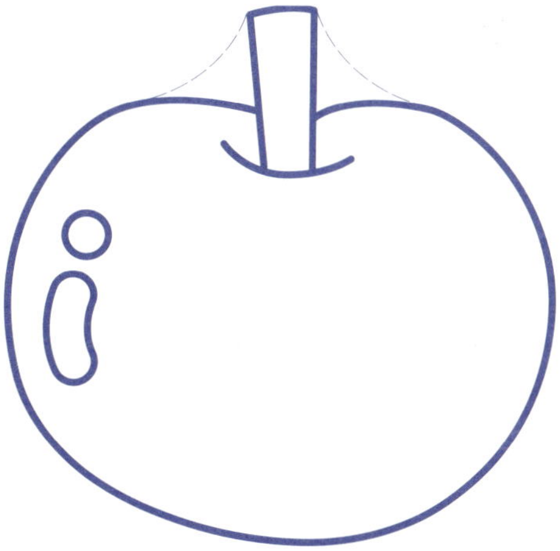

りんご

スタンダード

裏打ちする

一晩重し

こぶた

スタンダード

裏打ちする

一晩重し

犬

スタンダード

つくり方

こぶた・りんごのつくり方

裏打ちのしかた

①裏側の全面に木工用ボンドをぬります。

②パネル布またはフランネルの上にのせて、貼りつけます。

一晩重し

③形にそって、パネル布またはフランネルを切り取ります。

ステッキ
スタンダード

火
スタンダード

牛
スタンダード

柵
厚口

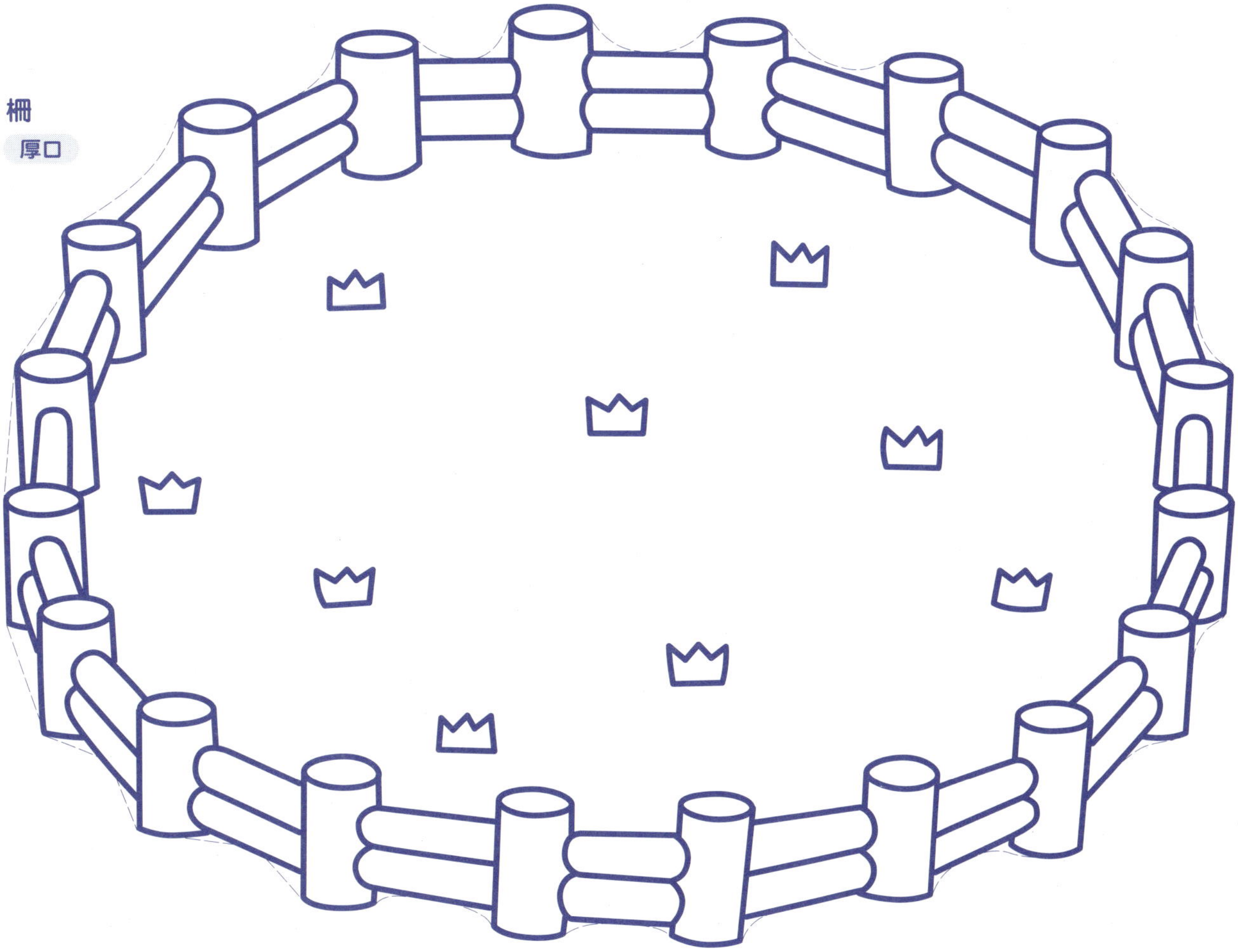

水
スタンダード

ねずみ
スタンダード

肉屋さん

スタンダード

ねこ

スタンダード

縄

スタンダード

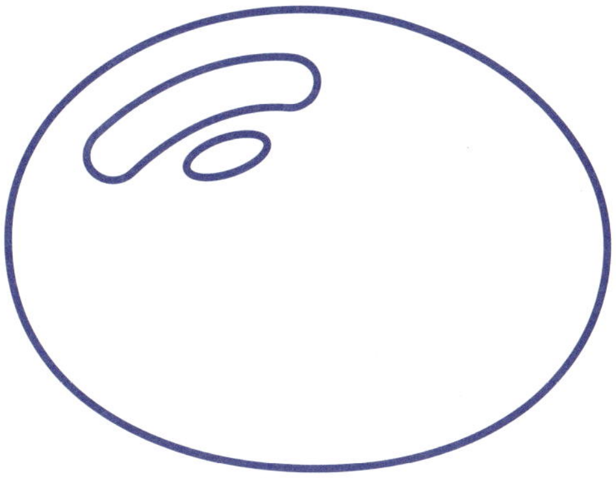

ミルク

スタンダード

ミルクの器・表

厚口

切り込みのポケットをつくる

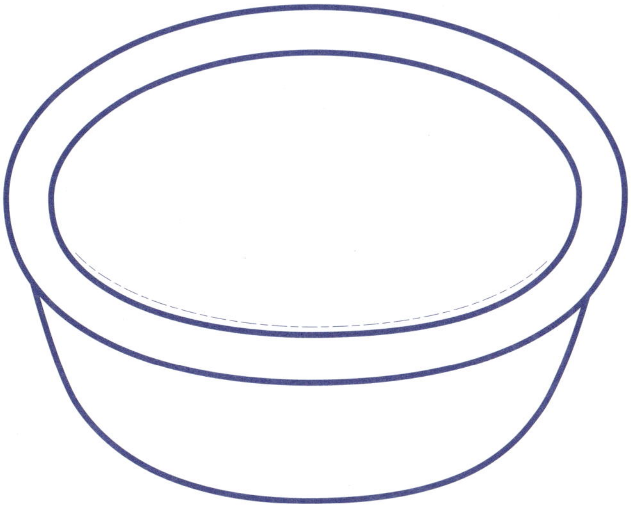

一晩重し

ミルクの器・裏

スタンダード

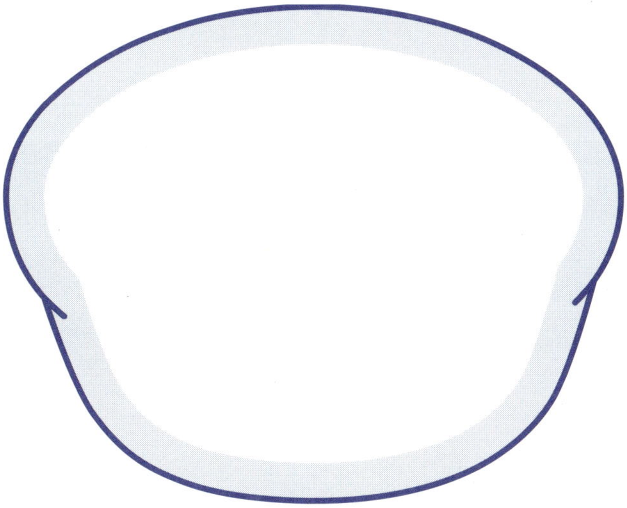

つくり方 ミルクの器のつくり方

切り込みのポケットのしかけ①

①ミルクの器・表の切り込み線印の部分に、カッターで切り込みを入れます。

②ミルクの器・裏の斜線部に木工用ボンドをぬり、表と貼り合わせます。

③切り込みを入れた部分にミルクを差し込みます。

牛方と山んば

牛方
厚口

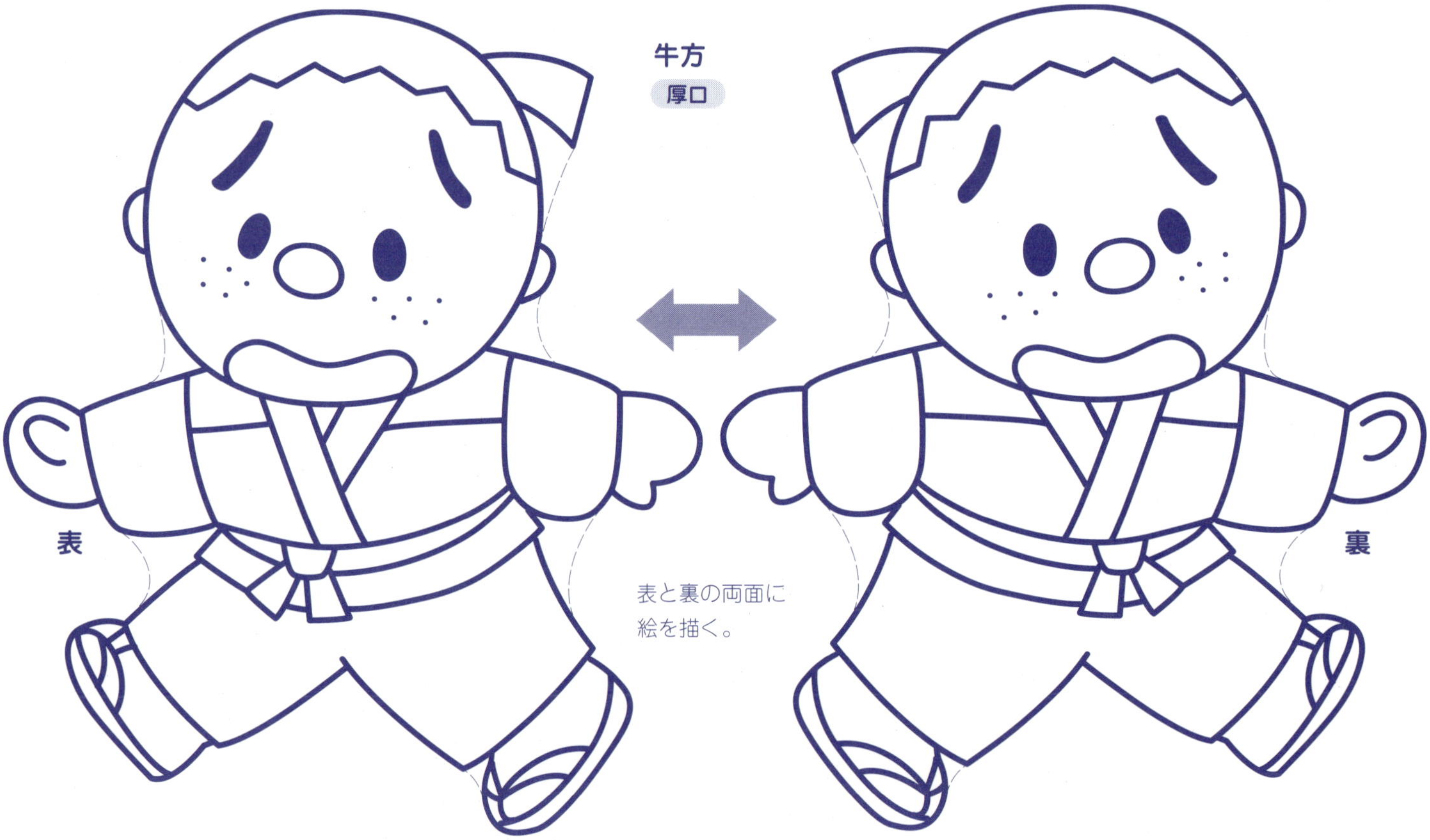

表

裏

表と裏の両面に
絵を描く。

牛
厚口

山んば 3

厚口

山んば 2

厚口

山んば 1

厚口

サバ6匹

厚口

表

表と裏の両面に絵を描く。

裏

石2個

スタンダード

裏打ちする

一晩重し

※裏打ちのしかたは63ページの「こぶた・りんごのつくり方」を参照してください。

荷物・上

厚口

はさみ込みの
しかけをつくる

一晩重し

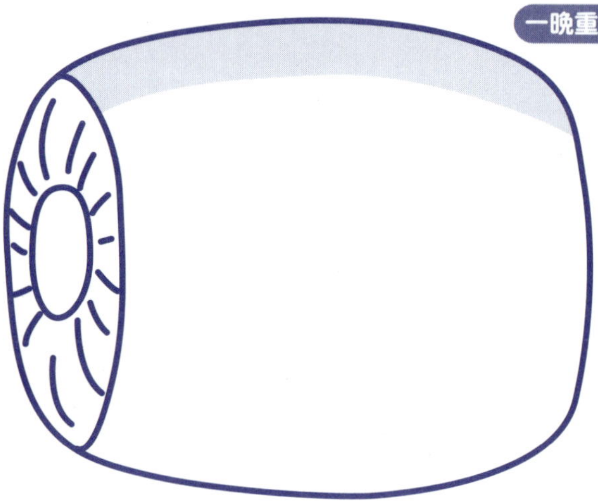

荷物・下

厚口

つくり方

荷物のつくり方

はさみ込みのしかけ

荷物・下の斜線部に木工用ボンドをぬります。少し右にずらすようにして、荷物の上と下を貼り合わせます。牛の背中をはさみ込むようにしてのせます。

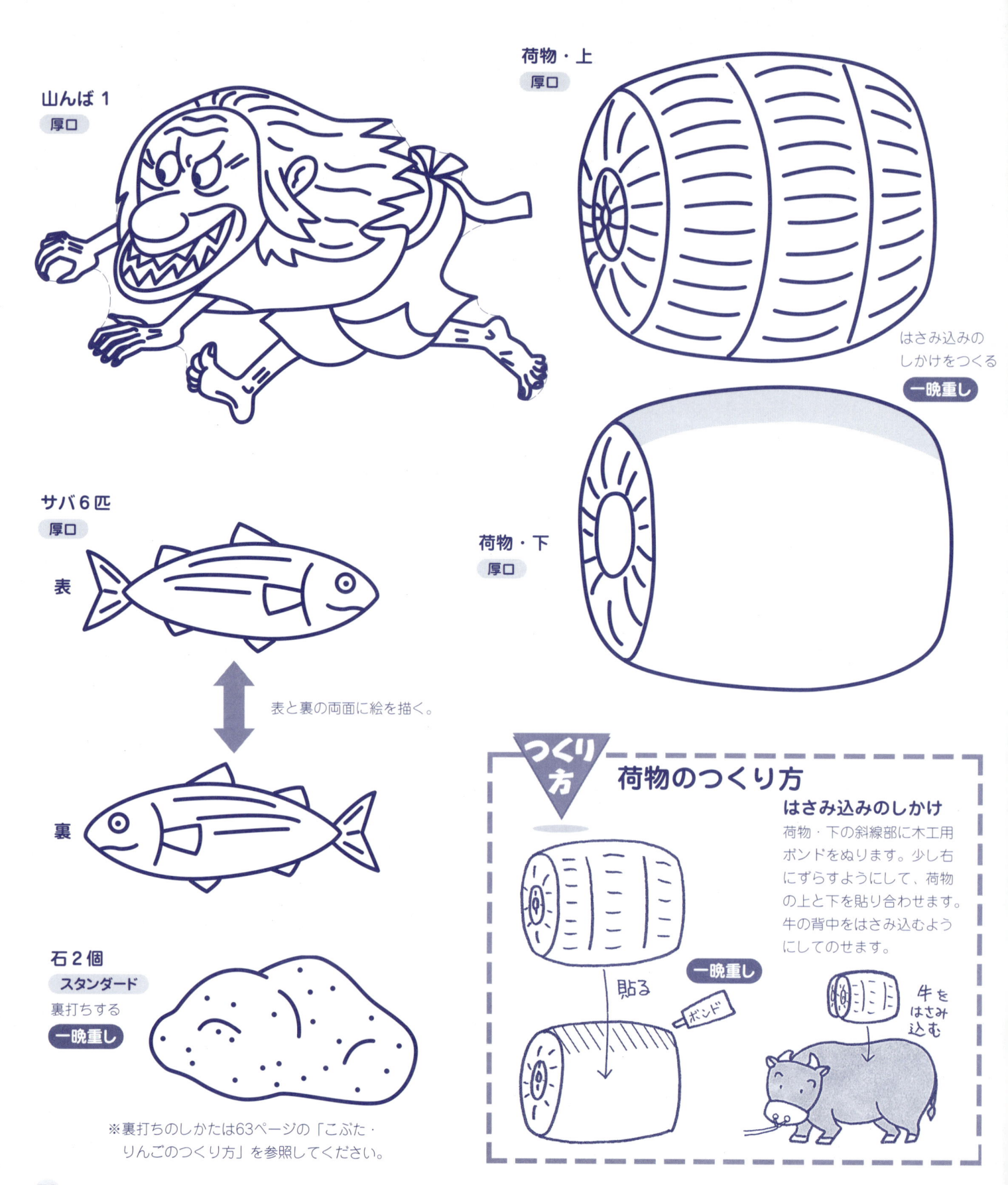

家

スタンダード

天井に登った牛方

スタンダード

甘酒をつくる山んば

厚口

切り込みのポケットをつくる

一晩重し

甘酒

スタンダード

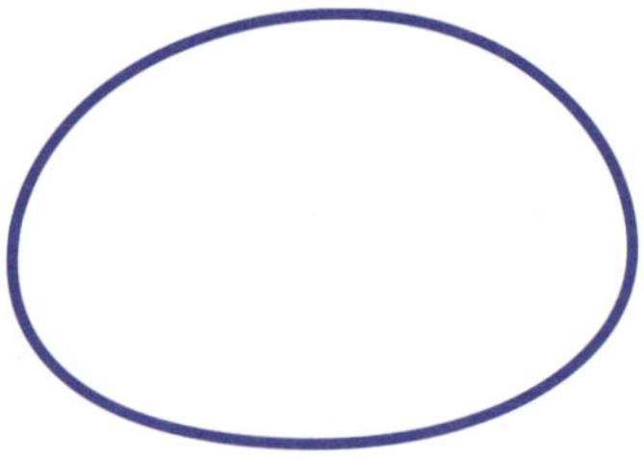

眠った山んばの顔

スタンダード

裏打ちする　一晩重し

※裏打ちのしかたは63ページの「こぶた・りんごのつくり方」を参照してください。

つくり方

甘酒のしかけのつくり方

切り込みのポケットのしかけ②

①なべの切り込み線印の部分に、カッターで切り込みを入れます。裏用に、いろりくらいの大きさに不織布（スタンダード）を切ります。これの斜線部に木工用ボンドをぬり、甘酒をつくる山んばと貼り合わせます。

一晩重し

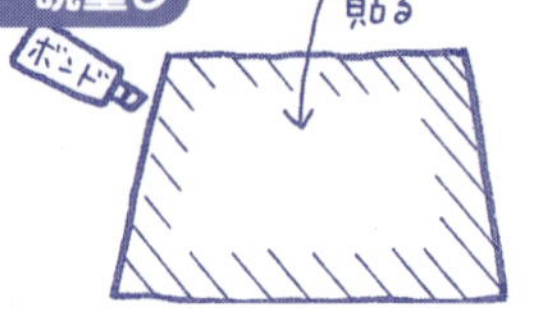

②なべのポケットに甘酒を差し込みます。

木の箱

厚口

切り込みのポケットをつくる
※切り込みのポケットのしかけは67ページの「ミルクの器のつくり方」を参照してください。

木のふた

スタンダード

裏打ちする　一晩重し
※裏打ちのしかたは63ページの「こぶた・りんごのつくり方」を参照してください。

かや

厚口

石の箱

スタンダード

小さくなった山んば

厚口

★この型紙は原寸で使用してください。

呪文をとなえる山んば

厚口

表

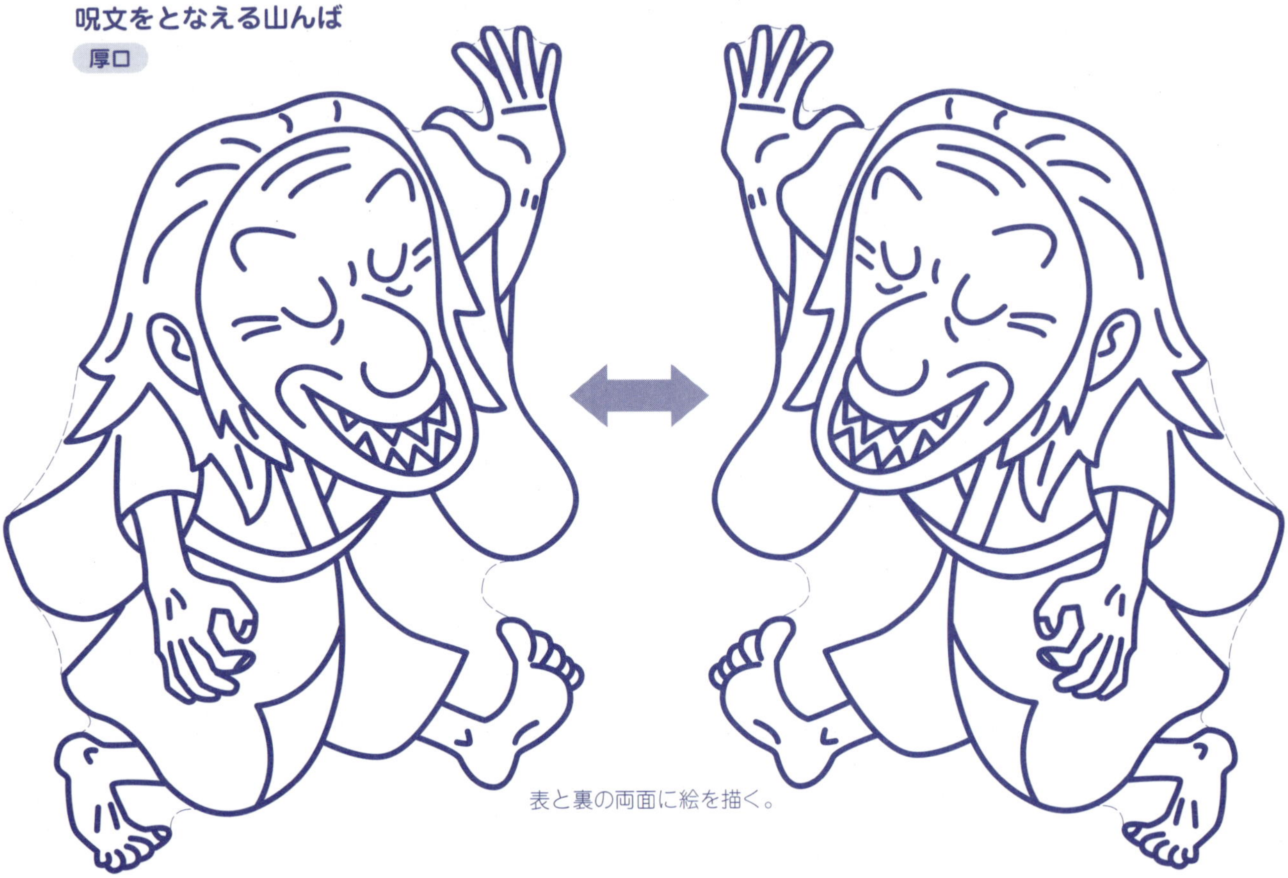

裏

表と裏の両面に絵を描く。

おわり

厚口

鳥の王様

カラス

厚口

表

表と裏の両面に絵を描く。

裏

鳥

スタンダード

鳥

スタンダード

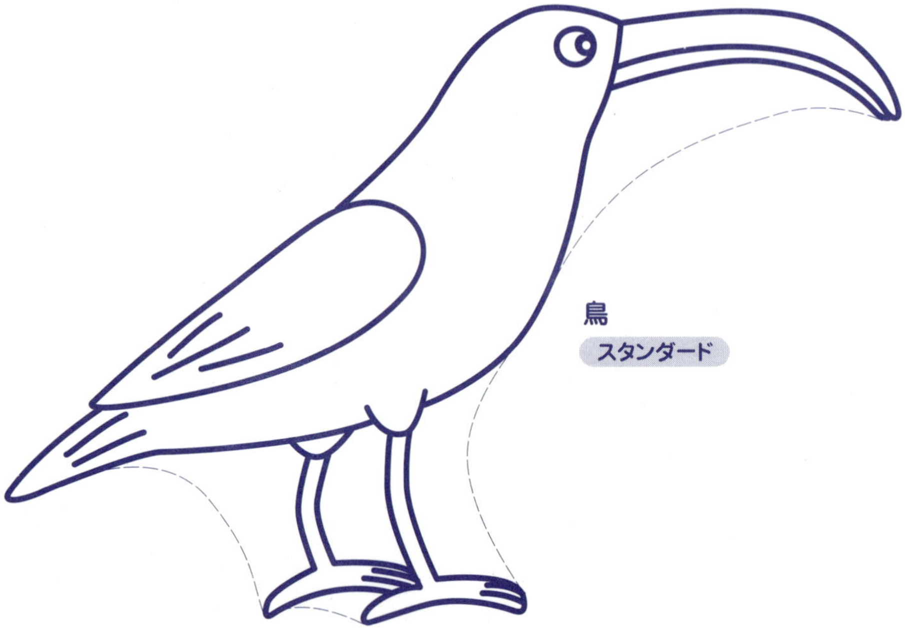

鳥

スタンダード

神様

スタンダード

鳥

スタンダード

鳥

スタンダード

鳥

スタンダード

鳥

スタンダード

鳥

スタンダード

鳥

スタンダード

鳥

スタンダード

草むら 1

スタンダード

羽 1

厚口

★この型紙は原寸で
使用してください。

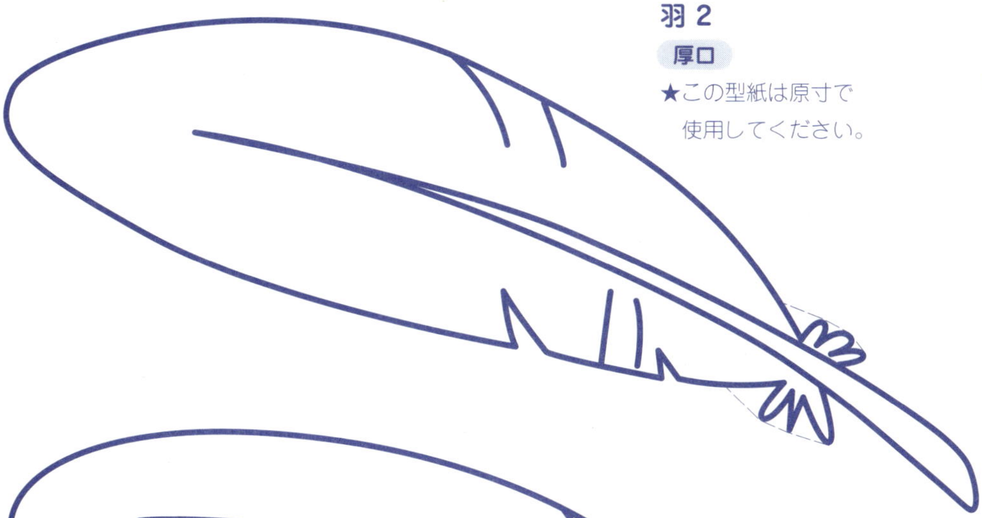

羽 2

厚口

★この型紙は原寸で
使用してください。

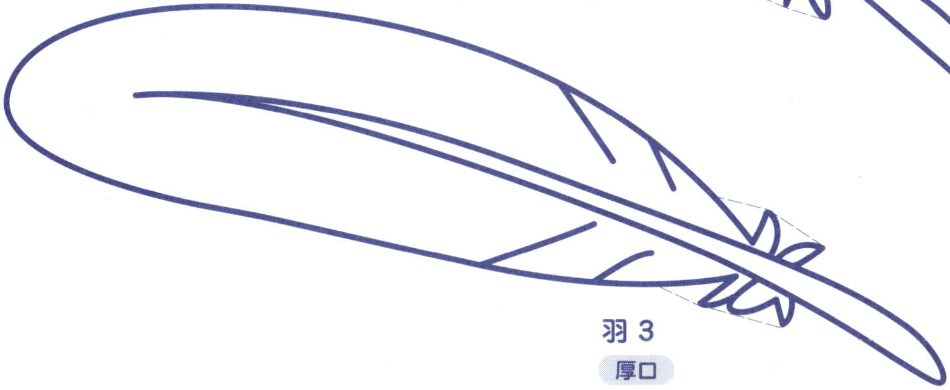

羽 3

厚口

★この型紙は原寸で
使用してください。

羽 4

厚口

★この型紙は原寸で
使用してください。

羽 5

厚口

★この型紙は原寸で
使用してください。

草むら 2

スタンダード

きれいな羽

厚口

つめをつける。

きれいな羽のつめ２枚

厚口

一晩重し

つくり方

きれいな羽のつくり方

つめのしかけ

①つめの斜線部に木工用ボンドをぬります。２枚のつめを絵のような位置に貼ります。

②くちばしと足がきれいな羽から出るように、カラスにつめを引っかけます。

年配のさる 1

厚口

表

裏

表と裏の両面に絵を描く。

年配のさる 2

厚口

表

裏

表と裏の両面に絵を描く。

タイトル
スタンダード

お供え物 1
スタンダード
★この型紙は原寸で使用してください。

お供え物 2

スタンダード

★この型紙は原寸で使用してください。

お供え物 3

スタンダード

★この型紙は原寸で使用してください。

お供え物 4

スタンダード

★この型紙は原寸で使用してください。

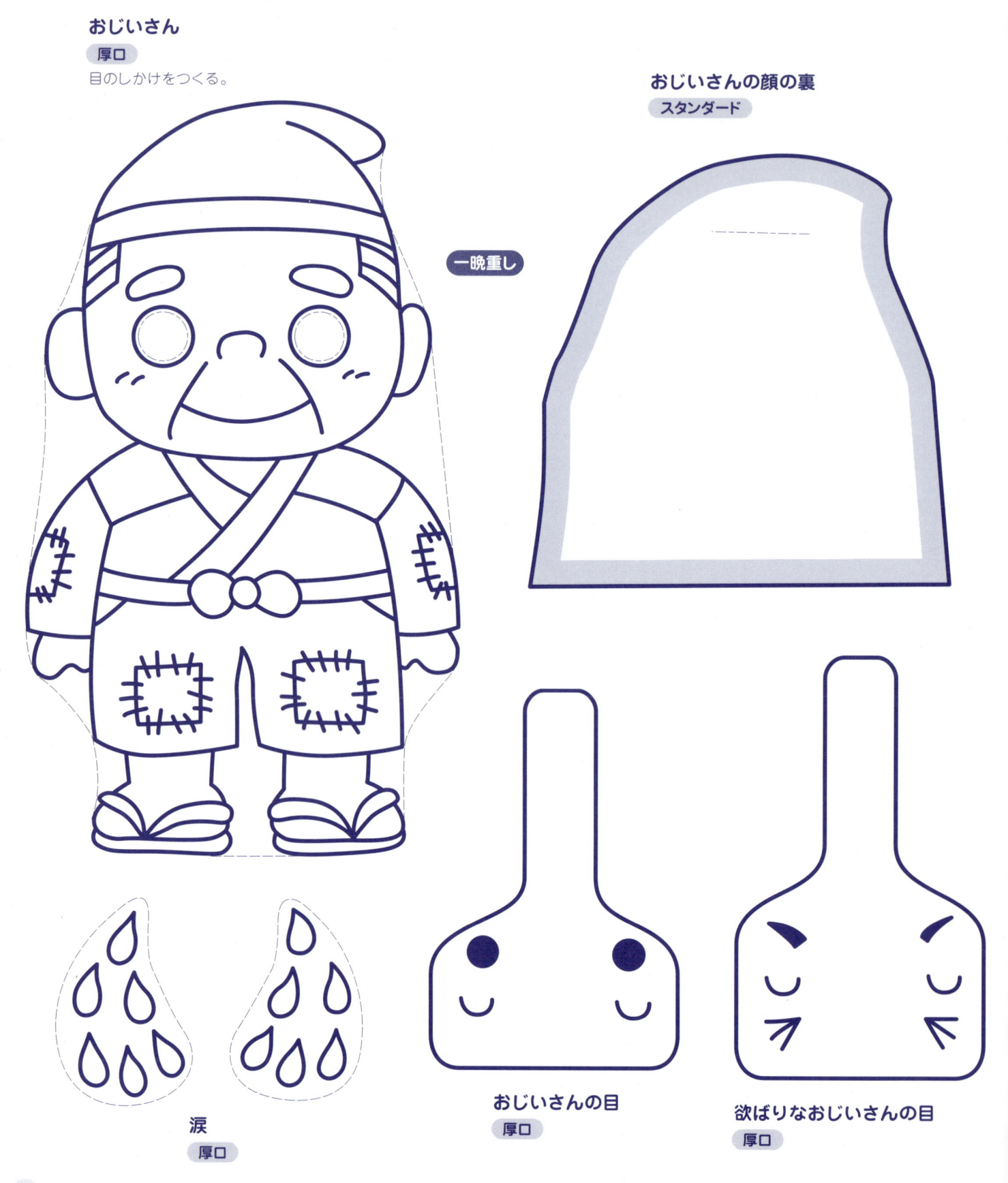

おじいさん

厚口

目のしかけをつくる。

おじいさんの顔の裏

スタンダード

一晩重し

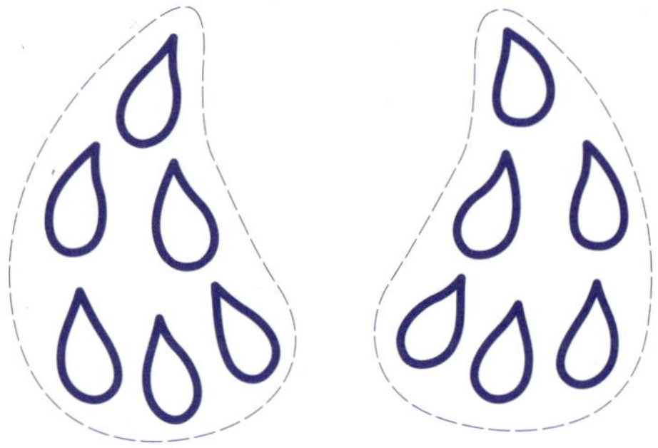

涙

厚口

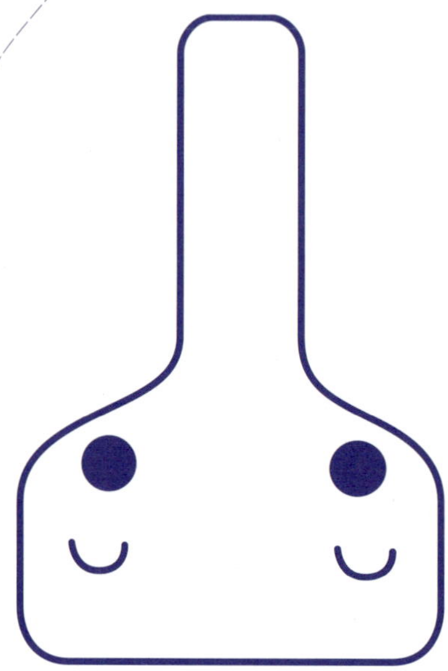

おじいさんの目

厚口

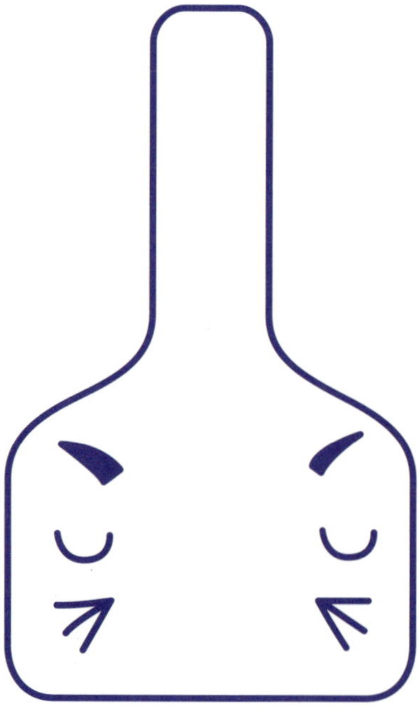

欲ばりなおじいさんの目

厚口

欲ばりなおじいさん

厚口

目のしかけをつくる。

一晩重し

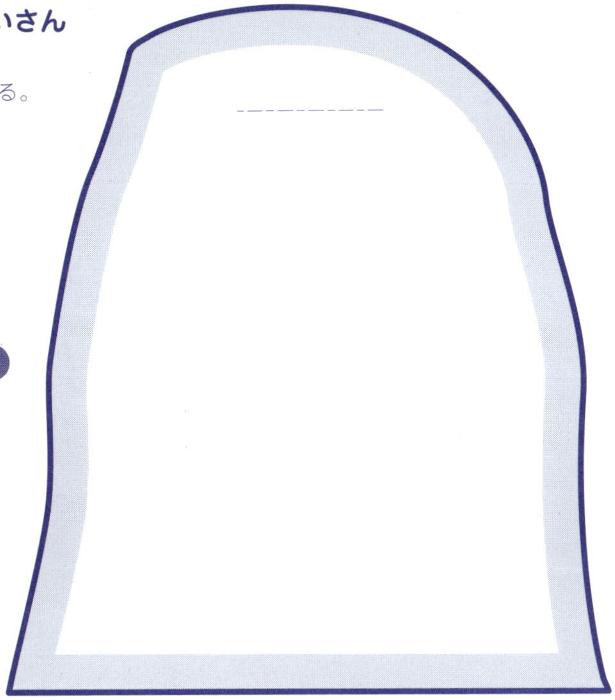

欲ばりなおじいさんの顔の裏

スタンダード

つくり方

おじいさん・欲ばりなおじいさんのつくり方 目のしかけ

①目をカッターでくり抜きます。顔の裏に切り込みを入れ、斜線部に木工用ボンドをぬります。目を差し込んで、おじいさんに貼ります。

②取っ手を上下に動かして、目を変えます。

①目をカッターでくり抜きます。顔の裏に切り込みを入れ、斜線部に木工用ボンドをぬります。目を差し込んで、欲ばりなおじいさんに貼ります。

②取っ手を上下3段階に動かして、目を変えます。

若者のさるたち

厚口

顔のしかけをつくる。 一晩重し

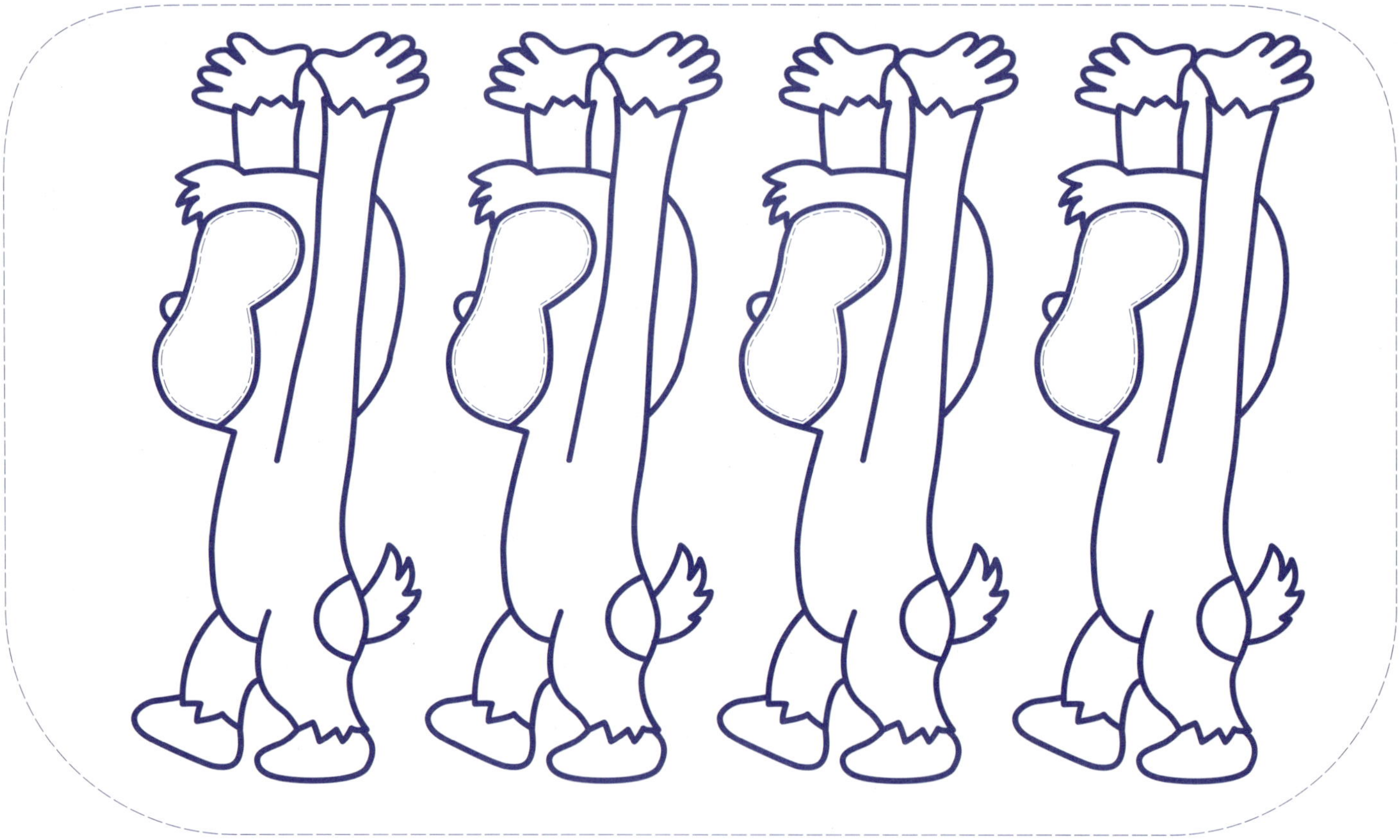

若者のさるたちの顔

厚口

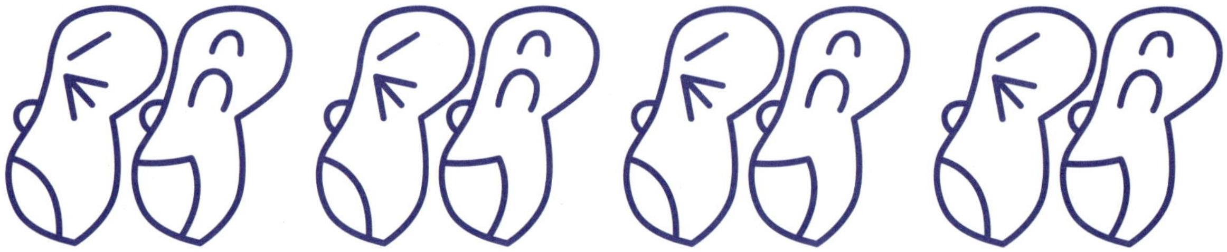

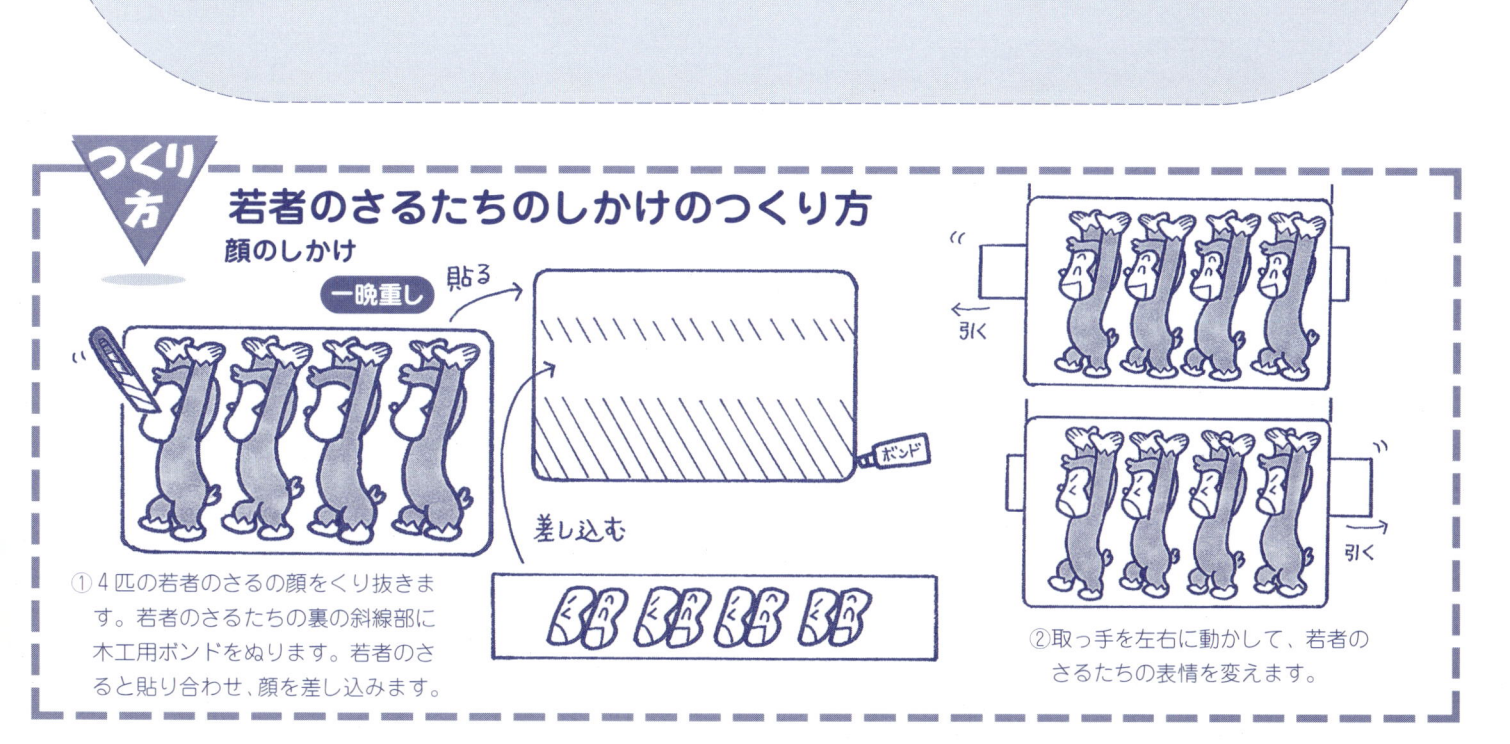

若者のさるたちの裏

スタンダード

つくり方

若者のさるたちのしかけのつくり方

顔のしかけ

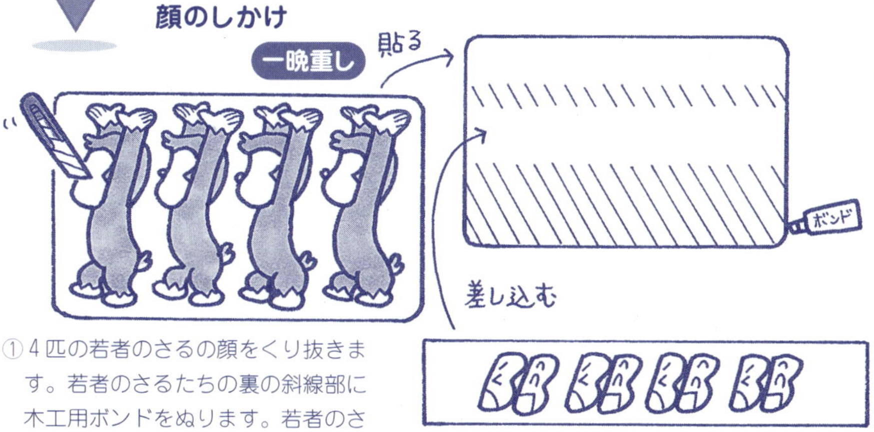

①４匹の若者のさるの顔をくり抜きます。若者のさるたちの裏の斜線部に木工用ボンドをぬります。若者のさると貼り合わせ、顔を差し込みます。

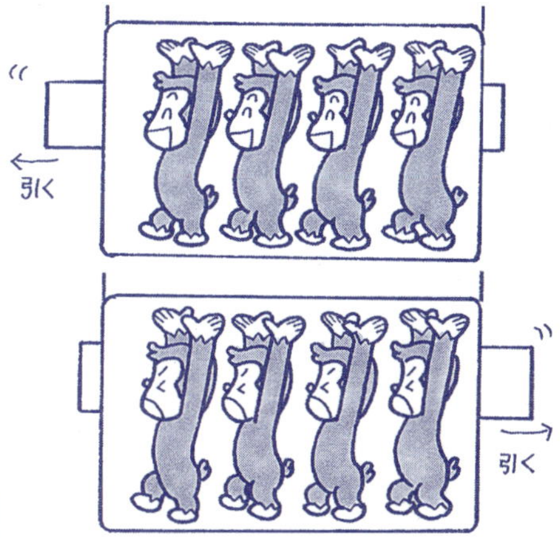

②取っ手を左右に動かして、若者のさるたちの表情を変えます。

草むら 1

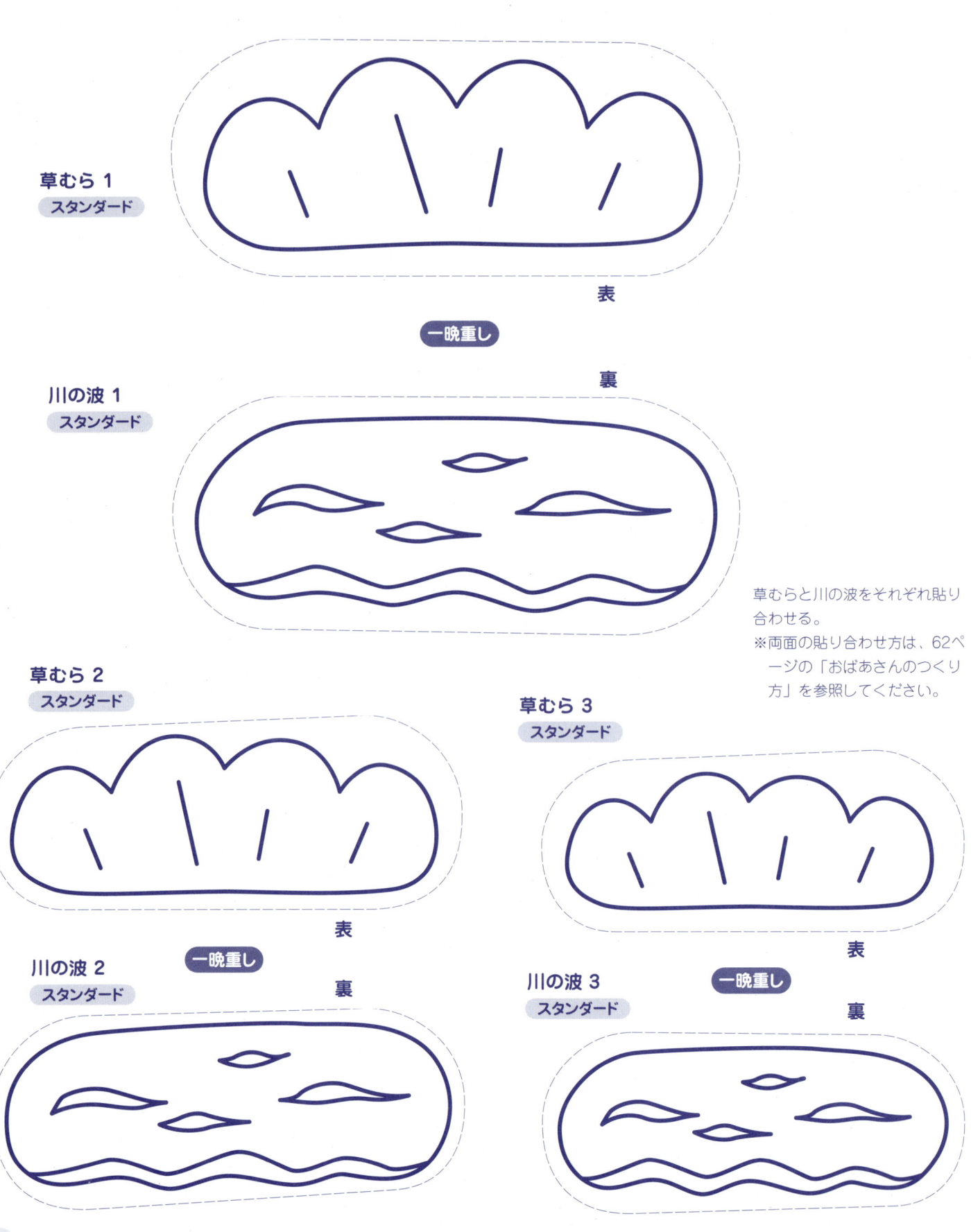

スタンダード

表

一晩重し

裏

川の波 1

スタンダード

草むらと川の波をそれぞれ貼り合わせる。

※両面の貼り合わせ方は、62ページの「おばあさんのつくり方」を参照してください。

草むら 2

スタンダード

表

草むら 3

スタンダード

表

一晩重し

裏

川の波 2

スタンダード

一晩重し

裏

川の波 3

スタンダード

水しぶき 1

スタンダード

裏打ちする

一晩重し

※裏打ちのしかたは63ページの「こぶた・りんごのつくり方」を参照してください。

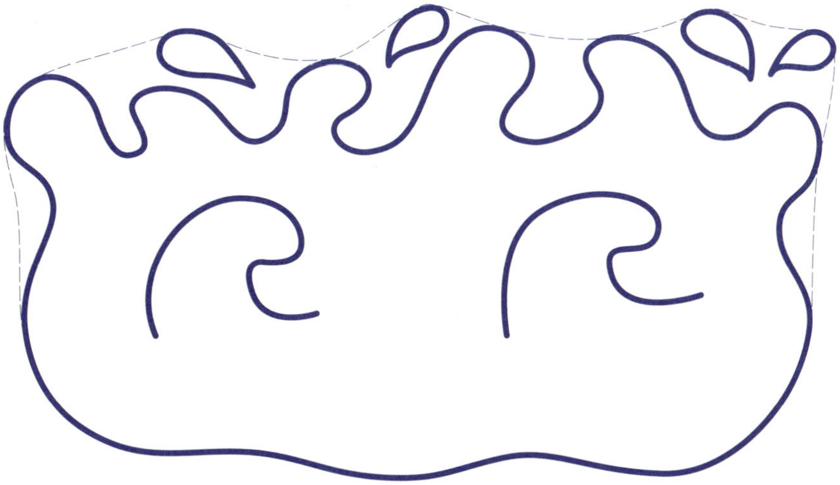

水しぶき 2

スタンダード

裏打ちする

一晩重し

※裏打ちのしかたは63ページの「こぶた・りんごのつくり方」を参照してください。

石

スタンダード

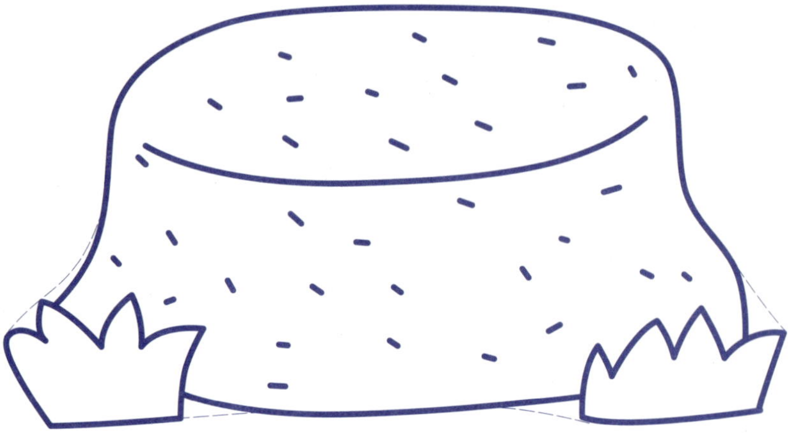

おばあさん

スタンダード

切り株

スタンダード

りんご・表
スタンダード

一晩重し　ポケットのしかけをつくる

りんご・裏
スタンダード

つくり方

りんごのつくり方

ポケットのしかけ

①りんご・裏の斜線部に木工用ボンドをぬり、りんご・表と貼り合わせます。

②下から手を入れて動かします。

バナナ 1
厚口

バナナ 2
厚口

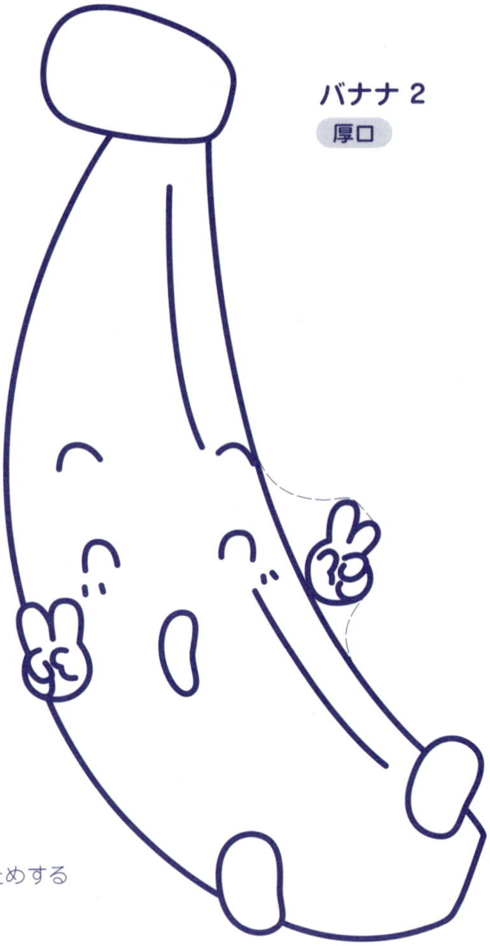

糸止めする

つくり方

バナナのつくり方

糸止めのしかた

①ふたつのバナナの上の部分をぴったりと合わせます。

②白の木綿糸を2本どりにして、糸止めします。しっかりと糸玉をつくりましょう。

③ゆらゆらと動かします。

パイナップル
スタンダード

メロン
スタンダード

さくらんぼ

スタンダード

みかん

スタンダード

いちご

スタンダード

ぶどう

スタンダード

なし

スタンダード

阿部　恵（あべ　めぐむ）

道灌山学園保育福祉専門学校保育部長
道灌山幼稚園主事

パネルシアターの第一人者。明るく楽しい作品作りと実演で人気がある。童話・絵本・紙芝居・ペープサートなどの創作活動も精力的に行っている。主な著書に『ラクラクかんたんパネルシアター』（チャイルド本社）、『いつでもそばに保育絵本の楽しみ』（フレーベル館）、『パネルシアター大好き①～③』（学研）、『新ペープサート』（ひかりのくに）、『たのしさ倍増!お誕生日会』（メイト）、『たのしいコミュニケーションニコニコ人形保育』（明治図書）他、多数。

絵	おばあさんとこぶた／童きみか 牛方と山んば／毛利洋子 鳥の王様／倉石琢也 さるとおじぞうさま／あかまあきこ フルーツジャンケン／中澤祥子
編集協力	株式会社 スリーシーズン
表紙・本文デザイン	株式会社 メイフラワ
撮影	中村俊二
ヘアー&メーク	天貝　弘（株式会社 ウェーブ・インターナショナル）
本文イラスト	みやれいこ
型紙トレース	CNミナト株式会社
楽譜版下	クラフトーン
モデル	高橋明良（セントラル子供劇団 株式会社） 松野里佳子（セントラル子供劇団 株式会社） 三橋佳子 樽見かおり 古園真理 田中美香 巣瀬直子

ラクラクかんたん　パネルシアター2

2001年 5月25日　初版第１版発行
2007年 1月15日　　　第４版発行
著者／阿部 恵　　©MEGUMU ABE 2001
発行人／嶋崎善明
発行所／株式会社チャイルド本社
〒112-8512　東京都文京区小石川5-24-21
☎03-3813-3781　振替／00100-4-38410
印刷所／共同印刷株式会社
製本所／一色製本株式会社
日本音楽著作権協会（出）許諾第0103925-604号
ISBN／978-4-8054-0025-8 C2037